Daar zit muziek in

Jan Jaap Haspels

Daar zit muziek in

Mechanische muziekinstrumenten van speelklok tot pierement

Bosch & Keuning nv, Baarn

To Cyril de Vere Green and Arthur Ord-Hume, with great gratitude

Foto omslag: Zwitserse cilinderspeeldoos met trommel, castagnette en op bellen slaande chineesjes (zie pag. 52).
Frontispice: Detail van de speeltrommel van het op pagina 11 afgebeelde torenuurwerk van Heynrick Vabrie van Breda. Duidelijk zichtbaar is de trommelverbreding aan de linkerzijde, waarschijnlijk het gevolg van een uitbreiding van het aantal carillonklokken.

ISBN 90 246 4387 2

Verspreiding voor België: Uitgeverij Westland nv, Schoten

Illustraties: Documentatie Nationaal Museum van Speelklok tot Pierement, Utrecht
Omslagontwerp en typografie: Peter Koch

Inhoud

Voorwoord

Als directeur-conservator van het Nationaal Museum van Speelklok tot Pierement te Utrecht houd ik mij dagelijks bezig met automatisch spelende muziekinstrumenten. Klokken met speelwerk, speeldozen, pianola's, orchestrions, straatorgels, kermisorgels, dansorgels. Ik houd me bezig met hun verschijningsvorm, hun spel, hun techniek, hun restauratie en onderhoud. Al deze muziekinstrumenten hebben één ding gemeen: de muziek zit er al 'ingecomputerd' in de vorm van rollen met pinnetjes, platen met omgebogen lipjes, papierrollen met ronde perforaties, kartonnen zig-zag opgevouwen orgelboeken met rechthoekige perforaties. De rijkdom aan vormen, klanken en techniek van deze muziekautomaten oefent een enorm grote aantrekkingskracht uit op jong en oud. Niet alleen is dit te zien aan de prijzen die men voor deze instrumenten in antiekwinkels en op veilingen moet neertellen; ook het zeer intensieve museumbezoek van de vele mensen uit alle leeftijdsgroepen en achtergronden wijst hierop.

Helaas is dit boekje niet in staat de klankenrijkdom van deze soms vele eeuwen oude muziekcomputers te laten horen, maar hopelijk draagt het door zijn algemene opzet en overvloedig illustratiemateriaal toch bij tot een grotere interesse en liefde voor de mechanische muziek.

Jan Jaap Haspels

De auteur speelt quatremains met de rol op een Steinway Duo-Art reproductievleugel.

Inleiding

Muziekinstrumenten zijn zo oud als de mensheid. De prehistorische mens musiceerde op zijn lithofoon[1], speelde op zijn rieten fluit of blies op een runderhoorn. In de mythen van de klassieke oudheid spelen de muziekinstrumenten een belangrijke rol: de god Pan bespeelt zijn pansfluit; Orpheus weet met zijn snarenspel zelfs de dieren te betoveren en de doden uit de onderwereld terug te halen. Lang voor de geboorte van Christus vallen de muren van Jericho door het klinken van de trompetten. Verdere voorbeelden lijken overbodig; het is evenwel aardig om te bedenken dat het wederom trompetten zullen zijn die het einde van de wereld, het Laatste Oordeel, zullen aankondigen.

De geschiedenis van de automatisch spelende muziekinstrumenten is aanmerkelijk minder oud. Toch gaat ook die geschiedenis meer dan duizend jaar terug en voert tot Egypte en het Nabije en het Verre Oosten.
In de Lage Landen klinken in de 14de eeuw de eerste automatische torencarillons hoog boven de middeleeuwse steden. Op de speeltrommel zijn metalen stiften gestoken volgens een muzikaal patroon. Op het hele uur gaat de speeltrommel draaien en 'bespelen' de stiften een reeks metalen toetsen die via draden met de klokkenhamers verbonden zijn. Het gieten van welluidende klokkenreeksen en het vervaardigen van automatische speelinrichtingen bereikt in de 17de eeuw met name in Nederland een hoogtepunt: de beiaarden van de Amsterdamse klokkengieters Hemony en de speeltrommels van Sprakel zijn terecht wereldberoemd.
In de Renaissance worden ook het pijporgel en de snaarinstrumenten geautomatiseerd. Het oudste thans nog bestaande draaiorgel dateert uit 1502 en laat de op zijn muziekcilinder gestoken melodieën nog dagelijks horen vanaf de kasteelmuur van de Hohen Salzurg boven het stadje Salzburg in Oostenrijk.
In 1547 staat in het testament van koning Hendrik VIII van Engeland een instrument vermeld 'That goeth with a whele', een spinet dat door een radermechanisme uit zichzelf kan spelen.

1. lithofoon: reeks in vorm en omvang variërende stenen waarop men, door erop te slaan, muzikale effecten kon bereiken.

Vanaf ongeveer 1700 produceert het rijke Amsterdam zijn fraaie staande horloges en tafelklokken met bellenspeelwerk.
In de 18de eeuw worden met name in de Duits-talige landen vele zogenaamde Flötenuhren vervaardigd; componisten als Händel, Mozart en Haydn schrijven er muziek voor.
In 1796 wordt de speeldoos uitgevonden. Een Geneefse horlogemaker Antoine Favre patenteert het systeem waarbij de pinnetjes op de muziekrol een reeks metalen tandjes aantokkelen. De kracht van dit patent is vooral gelegen in het feit dat men een grote muzikale rijkdom in een zeer kleine ruimte kan onderbrengen: een speeltandje van slechts enkele centimeters kan een fraaie lage bastoon voortbrengen. De 19de eeuw levert dan ook een ware lawine van automatisch spelende muziekinstrumenten op, waarbij de speeldozen een eerste plaats innemen. Het speelwerk met zijn fijne zilverige klanken doet zijn intrede in klokken, horloges, speelgoed, naaidoosjes, drankkeldertjes, schilderijen, snuifdozen, zegelringen enzovoort. De massaproduktie van de automatische muziekinstrumenten met een speelkam verdringt dan ook spoedig de bellenspeelwerken en automatische snaarinstrumenten. De 19de-eeuwse produktie van zelf-spelende windinstrumenten loopt evenwel door, zij het dat het salondraaiorgel en de Flötenuhren in de tweede helft van de 19de eeuw het veld ruimen voor draaiorgels die speciaal vervaardigd worden voor openbare gelegenheden en gebruik in de open lucht.

Vanaf ± 1900 kondigt de komst van de muziek-reproducerende apparaten – de grammofoon! – het naderende einde van de produktie van de automatisch spelende muziekinstrumenten aan. Slechts instrumenten met een groot klankvolume of een zeer hoge graad van technische perfectie overleven de opmars van de grammofoon. De imposante kermisorgels houden het vol tot aan de Tweede Wereldoorlog en de technische verfijning van sommige orchestrions en pianola's vindt zijn hoogtepunt in de jaren twintig.

De Tweede Wereldoorlog maakt een abrupt einde aan de produktie van vrijwel alle automatisch spelende muziekinstrumenten. Luidsprekers, gevoed door grammofoonplaat of geluidsband hebben het pleit thans schijnbaar definitief gewonnen. Schijnbaar, want de kille muziekcomputers van het heden kunnen het in een aantal opzichten kennelijk niet opnemen tegen hun mechanische familieleden uit vorige eeuwen. De hand over hand toenemende interesse voor de automatisch spelende muziekinstrumenten van vroeger en de belangrijke rol die ons land in deze ontwikkeling heeft gespeeld vormden de aanleiding tot de oprichting van een Nationaal Museum voor deze instrumenten dat in 1956 in Utrecht gestalte kreeg en sinds 1970 gehuisvest is Achter den Dom. In de naam: Nationaal

Museum van Speelklok tot Pierement, vindt men de specifiek Nederlandse bijdrage aan de algemene ontwikkeling van de automatisch spelende muziekinstrumenten terug: de spelende klokken der Lage Landen en de straatorgels van de 20ste eeuw hebben Nederland terecht een wereldnaam bezorgd.

Fraaie empire-vormgeving en detaillering bij de Napoleon-klok. De vogel is zojuist tevoorschijn gekomen en begeleidt de tonen van het orgelwerk.

De spelende klokken der Lage Landen

Het oudste thans nog bestaande torenuurwerk met automatisch speelwerk dateert uit 1542. Het werd gefabriceerd door Heinrick Vabrie van Breda te Leuven en deed drie en een halve eeuw dienst in de Jacobstoren te Den Haag. Het fraaie, laat-gothische smeedwerk dient als bekroning van de drie raderwerken die in het ijzeren frame zijn ondergebracht. Allereerst is dit het uurwerk, oorspronkelijk bestaande uit slechts twee raderen, met als gangregelaar een zogenaamde foliot, een horizontale met gewichten verzwaarde waag die heen en weer beweegt om een verticale as. De beweging van dit gaande werk wordt overgebracht op een enkele uurwijzer buiten aan de toren. Aan de andere zijde van het frame bevindt zich het slagwerk dat op het hele uur het corresponderende aantal slagen laat horen op een grote klok. In het midden bevindt zich de grote speeltrommel met een regelmatig patroon van vierkante gaten. Hierin kan de beiaardier metalen stiften steken die aan de binnenkant van de trommel worden vastgeschroefd. Overeenkomstig het op de speeltrommel gestoken programma speelt het automatische speelwerk als voorspel op de uurslag een melodie op het klokkenspel. De afstand tussen twee horizontale rijen vierkante gaten op de trommel wordt een 'maat' genoemd. Deze maat kan men (meestal) in achten onderverdelen door stiften van verschillende vorm te gebruiken. Op bijgaande afbeeldingen is dit goed te zien.

De vroege speeltrommels zijn nog betrekkelijk smal. Rond 1640 is de klokkengietkunst zover gevorderd dat welluidende klokkenreeksen met een omvang van drie octaven of zelfs meer gegoten kunnen worden. De speeltrommels passen zich bij deze ontwikkeling aan en worden steeds breder (groeiend aantal klokkenhamers) en groter (langere melodieën). Het speelwerk dat Jurriaan Sprakel in 1666 voor de Domtoren van Utrecht leverde had een grote speeltrommel met 125 maten en 66 rijen, totaal dus 8.250 gaten. Deze speeltrommel was dan ook een waardige computer voor het nieuwe Hemony klokkenspel dat drie chromatische octaven omvatte met uitzondering van de cis en dis in het bas-octaaf. Met de acht verschillende posities van de toonstiften binnen een maat had de speeltrommel dus 66.000 'programmeerpunten', ruim voldoende om op ieder heel uur een uitvoerige inleiding met liedzetting – dikwijls een psalm of gezang – te laten horen, waarna op kwart-over een kwartiermotief weerklonk, op half weer een

Laat-gotisch siersmeedwerk bekroont het torenuurwerk met slag- en speelwerk dat Heynrick Vabrie van Breda in 1542 vervaardigde voor de Jacobskerk in Den Haag. (coll. Nederlands Goud-, Zilver- en Klokkenmuseum, Schoonhoven.)

muziekstuk (meestal korter dan op het hele uur) en op kwart-vóór wederom een kwartiermotief.

In de 18de eeuw gaat het met de klokkengietkunst snel bergafwaarts en ook de interesse in de automatische torenspeelwerken verflauwt. De 19de eeuw vormt een dieptepunt; in de 20ste eeuw ontstaat evenwel een hernieuwde belangstelling voor de beiaard, de klokkengietkunst en het beiaardspel. Nederland kan er trots op zijn dat het thans, evenals in de 17de eeuw, een welverdiende wereldnaam op dit gebied heeft.

Rechts: Majestueus oprijzend in het achtkant van de Utrechtse Domtoren: de klokkenstoel van het Hemony-carillon van 1664.

Uurwerk met slag- en speelwerk dat in 1627 vervaardigd werd voor het stadhuis van Tholen door Willem Pietersen en zijn zoon Adriaen. (coll. Nationaal Beiaardmuseum, Asten N.B.)

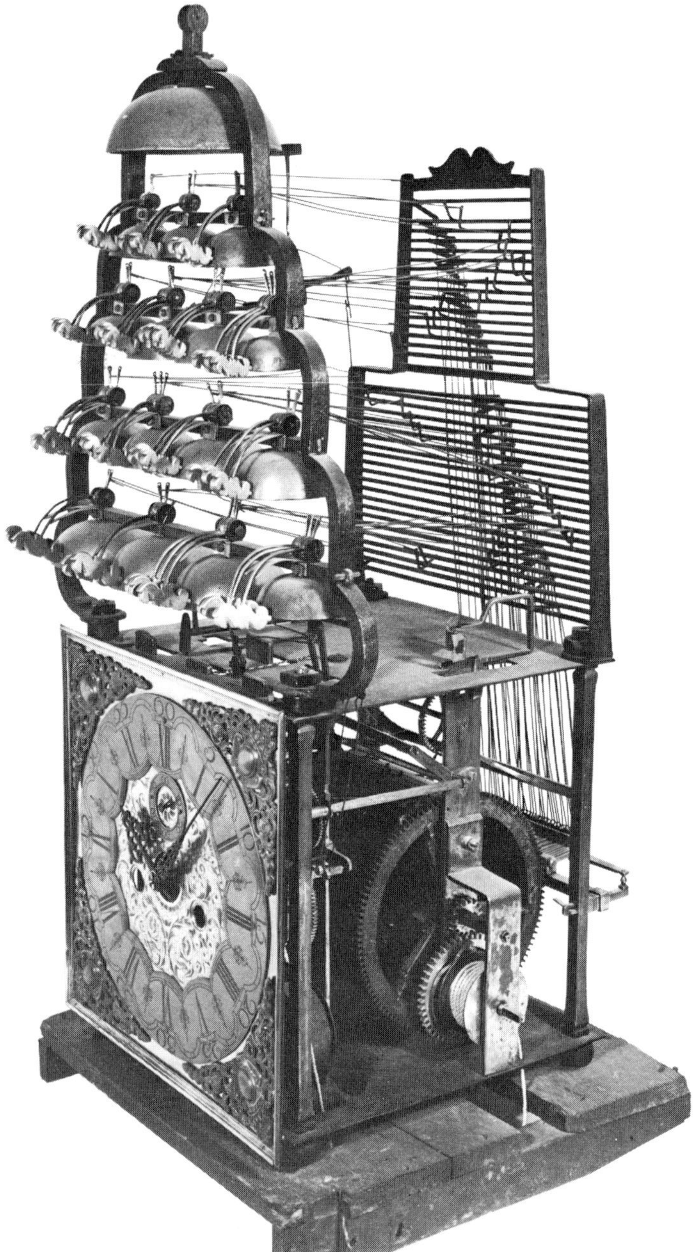

Uurwerk met slag- en speelwerk van een Zuidnederlandse staande speelklok, ± 1730. Qua bouw en techniek (versteekbare speeltrommel!) eigenlijk een torenuurwerk op verkleinde schaal.

De speelklok in de huiskamer

Ook op kleinere schaal werden klokkenspelletjes vervaardigd. Het afgebeelde binnenwerk van een staande Zuidnederlandse speelklok uit ± 1730 heeft nog zijn versteekbare speeltrommel en de rekken met 'tuimelaars' die zorgen voor de overbrenging van het klavier naar de belhamertjes. Bij de huis-uurwerken met speelwerk komt evenwel een ernstig nadeel om de hoek kijken dat bij torenspeelwerken geen rol speelt. Bij torenspeelwerken hoort immers steeds een beiaardier die tevens voor de verstekingen van de speeltrommel kan zorgen en daar uiteraard voor is opgeleid, maar niet iedere huisvader kan in staat geacht worden om zijn speelklok van tijd tot tijd te versteken.
Het gros van de 18de-eeuwse huisuurwerken met bellenspeelwerk heeft dan ook een speeltrommel met zogenaamde vaste notatie, een muzikaal programma dat éénmalig op de muziekcilinder is aangebracht. Om toch wat variatie in de muziekstukken te krijgen kan men de trommel door middel van een wijzer verschuiven waardoor steeds nieuwe pennetjes de hamertjes bespelen. Gebruikelijk zijn zes, acht of twaalf verschuivingen zodat men een ruime keus kan maken uit menuetten, marsen, gigues, sarabandes, wereldlijke en geestelijke liederen.
Op de afbeeldingen is duidelijk de rijke uitvoering van zo'n Amsterdamse speelklok te zien. Op de wijzerplaat kan men de minuten en uren aflezen; ook de datum, de stand van de maan, de dag van de week, de maand van het jaar, en zelfs het tijdstip van hoog water in de haven worden duidelijk aangegeven. De wijzerplaat wordt bekroond met een bewegend tafereel van op de golven deinende schepen: het klotsen van de golven en de deining van de schepen op de voorgrond worden bediend vanuit het uurwerk.
De achterplatine van de uurwerken van Amsterdamse tafelklokken is meestal fraai gegraveerd. Via de spiegel op de schoorsteenmantel en de glazen achterzijde van de klok kon men dan vanuit de kamer of hal de rijke ornamentiek bewonderen. De muziekrol van de afgebeelde speelklok kan acht maal verschoven worden; een aantal bellen heeft bovendien twee hamertjes voor een snelle repetitie (aanslag-herhaling). Ook hier fungeert het speelwerk als inleiding op de uurslag, die op de grote bel rechts beneden wordt aangegeven.

Het is fascinerend om zo'n speelwerk in beweging te zien. De langzaam draaien-

Geheel links: De speelklok van pagina 14 compleet.

Links: Amsterdams staand horloge met bellenspeelwerk en automaten, gesigneerd Casper Friedrich Schultz, Amsterdam, ± 1760.

Rechts: Wijzerplaat van een Amsterdamse speelklok, vervaardigd door A. C. J. Jansen rond 1900. Indicatie van seconden, minuten, uren, dag van de week, datum, seizoen, jaar, zons op- en ondergang, maanstand, verschil tussen middelbare (Greenwich) tijd en zonnetijd, melodiekeuze. Automatische datumcorrectie bij schrikkeljaren.

FUGIT IRREPARABILE TEMPUS

Achterzijde van een Amsterdamse tafelklok met bellenspeelwerk, vervaardigd door Allin Walker in het midden van de 18de eeuw. Op de verschuifbare muziekrol acht melodieën; de meeste bellen hebben twee hamertjes voor een snellere repetitie.

Rechts: de wijzerplaat van de Schultz-speelklok van pagina 16. Boven de cijferring deinen de schepen op het eveneens bewegende water.

WOENSDAG
AUGUSTUS

Detail van de Oortwijn-speelklok. Duidelijk zichtbaar zijn het speelmechaniek met veertrommel en snek, de muziekcilinder en de bellenreeks.

Links: Groningse tafelklok met bellenspeelwerk, gesigneerd J. Oortwijn Appingedam 1784. Fraaie zichtbare opstelling van het speelwerk, omlijst door vuurvergulde bronzen ornamenten in Louis XVI-stijl.

de raderen, de snel draaiende windvleugel, de bewegingen van de hamertjes, dat alles bracht vele klokkenmakers ertoe om het speelmechaniek zichtbaar op te stellen. Het hierbij afgebeelde detail van een Groningse tafelklok uit 1784 laat deze show-opstelling, direct onder de wijzerplaat, duidelijk zien.
De verarming van ons land in de Franse tijd heeft zijn directe gevolgen voor de produktie van kostbare luxe-artikelen als speelklokken. De genadeslag wordt de bellenspeelwerken evenwel toegebracht door de 19de-eeuwse Franse pendules met een Zwitsers speelwerkje in de voet.
Dikwijls vormt de mahonie-gefineerde of zwart gepolitoerde ovalen voet met speelwerk niet alleen de dragende basis voor de steeds rijker en krulleriger uitgevoerde vergulde pendules, maar fungeert tevens door middel van een met fluweel ingelegde rand als drager van de koepelvormige glazen stolp die het fijne mechaniek tegen stof moet beschermen.
In het hoofdstuk over de cilinderspeeldozen zal de Franse pendule met speelkamspeelwerk nader aan de orde komen; thans kunnen wij volstaan met de constatering dat de beginjaren van het Koninkrijk der Nederlanden het einde betekenden van de bellenspeelklok en daarmee van een specifiek Nederlandse bijdrage aan de tijdmeters met automatische muziek.

Links: Salon-cilinderorgel in mahonie-gefineerde empire-kast met vuurverguld brons. Vervaardigd door een van de bekendste bouwers van mechanische orgels in het eerste kwart van de 19de eeuw: Davrainville.

Linksonder: Het Davrainville-orgel geopend, de lade met verwisselbare muziekcilinders uitgetrokken.

Rechtsboven: Detail van het Davrainville-orgel. Veermechaniek met snek, duidelijk zichtbare regelbare windvleugel; muziekcilinder met spiraalnotatie.

Rechts: Het pijpwerk van het Davrainville-orgel.

Een blik in de geopende linkerzijkant van het Davrainville-orgel. De platine is gesigneerd: DAVRAINVILLE A PARIS 1824, N° 290.
Het opwinden geschiedt met een slinger op het linker vierkant.

Rechts: Engelse tafelklok met cilinderspeelwerk, vervaardigd door Parkinson & Frodsham te Londen, ± 1820. Het speelwerk met snek en V-vormige segmentspeelkam is voor deze foto uit de brede klokvoet gehaald.

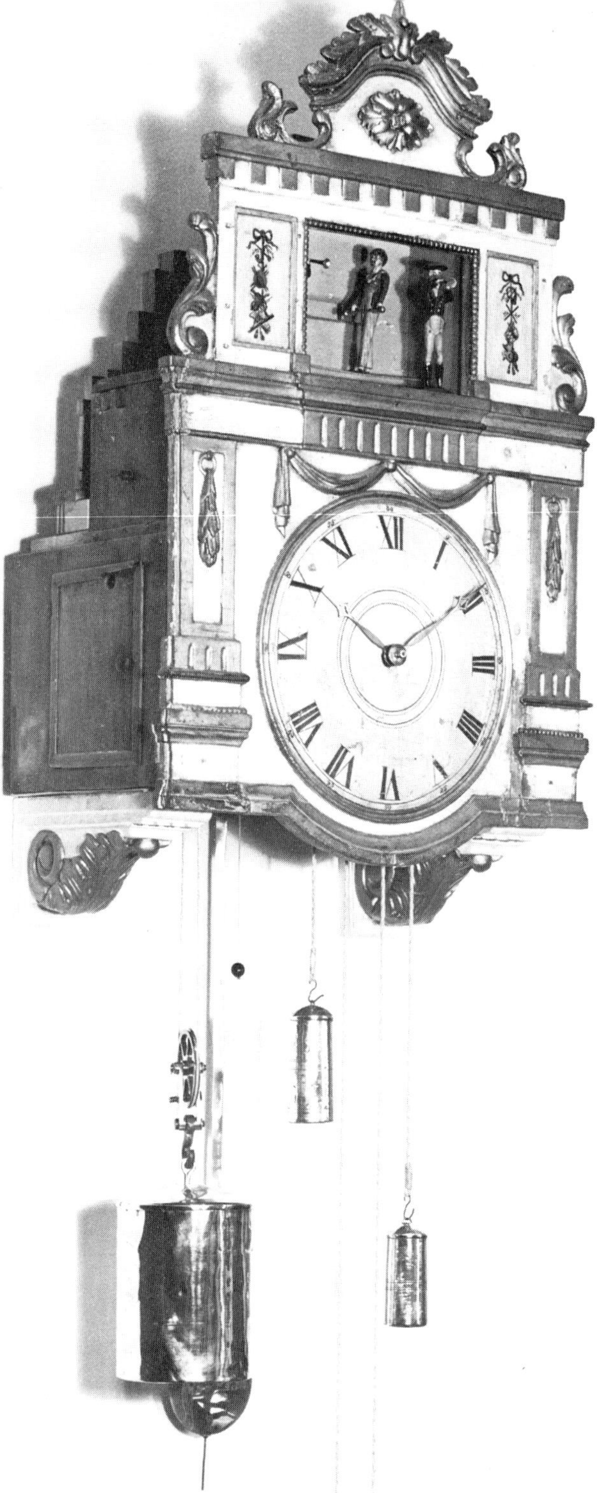

Schwarzwalder Flötenuhr met automaten, ± 1800.

Rechts: Een blik achter de wijzerplaat van het Flöten-uhr. Op het hele uur komen de trompetspelers en de koorddanser in actie, begeleid door de muziek van het orgelwerk.

Links: Een schilderij met speelklok en automaten. Op het hele uur klinkt muziek, wordt het paard beslagen, bedienen de smeden de blaasbalg en hameren op het aambeeld, terwijl de hond met zijn staart kwispelt. Frankrijk / Zwitserland, tweede helft 19de eeuw.

De orgelklok van pagina 65 met geopend deurtje.

Links: De Jaquet-Droz orgelklok met geopend achterdeurtje.

Dezelfde orgelklok, nu van de linkerzijde gezien.

Een blik achter het geopende rechter-zijdeurtje.

MONTELIMART

Achterzijde van de Autran-speelklok.

Links: Speelklok met cilinderorgel in rijke Louis XV-uitvoering. Gesigneerd: Autran à Montelimart. Midden 18de eeuw.

De voet van de Autran-speelklok met het orgelwerk. Het opengewerkte centrale ornament is bespannen met zijde om de orgelklanken beter door te kunnen laten.

Een blik in het orgelwerk van de Autran-speelklok. Duidelijk zichtbaar zijn de schepbalgjes, de (volle) magazijnbalg en de veertrommel met snek.

Rechts: Het orgelwerk van de Shaftesbury-speelklok. *(Zie pagina 66)*

Een blik op het – momenteel nog ongerestaureerde – pijpwerk van de Shaftesbury-speelklok.

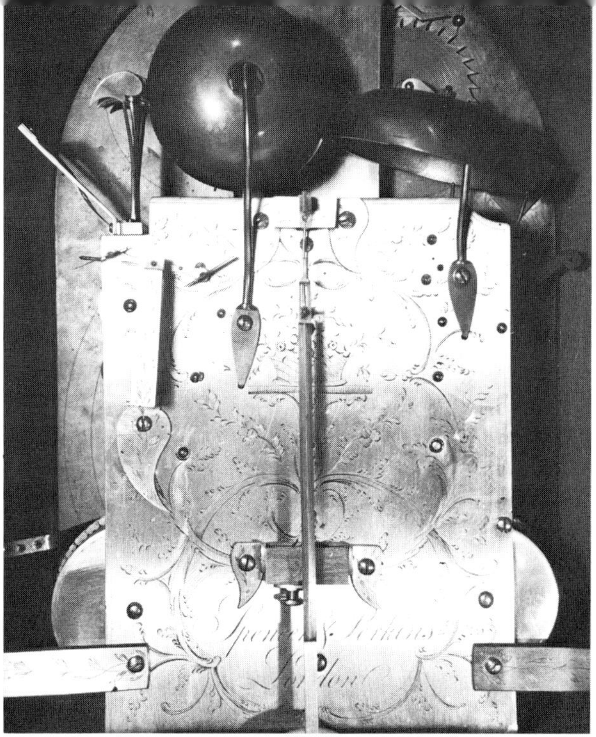

De gegraveerde en gesigneerde achterplatine van de Shaftesbury-speelklok.

Detail van het aandrijfmechanisme (met dubbele veertonnen en snekken) van de Shaftesbury-speelklok.

Zwitserland: de cilinderspeeldoos

Zwitserland is het land van de cilinderspeeldoos. Als geboorteakte kan worden beschouwd het patent van de Geneefse uurwerkmaker Antoine Favre, dat in het register van de processen-verbaal van de Société des Arts op 15 februari 1796 als volgt werd omschreven:
'Mijnheer Decombaz rapporteert dat de Heer Favre een middel heeft gevonden om carillons zonder bellen of hamers te vervaardigen.'
Het betreft hier het systeem waarbij de pinnetjes op de muziekrol een reeks metalen tandjes aantokkelen. Deze uitvinding is vooral geniaal vanwege zijn eenvoud. De hamers en bellen maken plaats voor een metalen kammetje, waarvan de tandjes door hun onderlinge lengteverhoudingen en profielverloop een tonenreeks kunnen laten horen. Vooral ook vanuit een commercieel oogpunt bezien was deze uitvinding geniaal. De vervaardiging van een reeks hamers en bellen vereist een relatief grote hoeveelheid kostbaar materiaal – de belletjes worden gegoten van een metaal-legering van 80% koper en 20% tin – en de vervaardiging van de hamertjes en van de frameonderdelen waarin deze hamertjes en bellen bevestigd worden is uitermate bewerkelijk. Voor het gemiddelde bellenspeelwerk moeten bijvoorbeeld 15 bellen, 30 hamertjes, een hamersupport met draaipunten, 15 belsupporten, 15 bevestigingsschroeven en 15 belmoertjes vervaardigd worden. Al deze onderdelen worden vervangen door één metalen plaatje waarin de muziektandjes zijn ingezaagd. De enorme besparing op materiaal, bewerkelijkheid en ruimte is evenwel niet de doorslaggevende factor. De muzikale omvang van een metalen speelkammetje is vele malen groter dan die van een bellenspeelwerk. De fraaiste bellenspeelwerken zullen zelden een omvang hebben van meer dan twee octaven, terwijl een simpel speelkammetje, zelfs in de eenvoudigste souvenir-speeldoosjes, met gemak drie tot vijf octaven omspant. De rijkste uitvoeringen van de Amsterdamse speelklokken kunnen misschien een reeks van 20 bellen herbergen; de doorsnee Zwitserse cilinderspeeldoos heeft een muziekkam van dikwijls meer dan 100 tanden.

De ongekende mogelijkheden van de speelkam zorgden ervoor dat de speeldoos

Gouden zakhorloge met kwartier-repetitie en speelwerk met waaierkam. Genève, ± 1820.

in korte tijd de kinderschoenen ontgroeit. Rond 1820 worden reeds speelwerken met een speelkam vervaardigd, die in staat zijn een uitstekende weergave te laten horen van de toenmalige populaire muziek, zoals bijvoorbeeld de ouvertures van Rossini.

In de 18de eeuw zijn – zij het sporadisch – horloges vervaardigd met een bellenspeelwerk. Men moet zich hierbij de ruimtelijke problematiek voorstellen: binnen het bestek van een zakhorloge dienen niet alleen het uurwerk en het mechaniek van het speelwerk ondergebracht te worden, maar moet ook nog ruimte gevonden worden voor een aantal belletjes. Door deze belletjes uitermate dun en vlak te maken is het mogelijk om maximaal vijf uitermate iel-klinkende belletjes een plaatsje te geven. Deze belletjes zijn als het ware in elkaar geschoven op een gemeenschappelijk support, met onderling net voldoende ruimte om enigszins te kunnen uitklinken. In Engeland spreekt men dan ook op zeer beeldende wijze van een 'nest of bells'; het kleinste belletje nestelt zich in de holling van de iets grotere erop volgende bel, enz. Vijf minuscule hamertjes bespelen dit geheel en men kan zich voorstellen dat een ouverture van Rossini – nog afgezien van het anachronisme – hier bepaald tot de onmogelijkheden behoort.
In de empire-periode – ruwweg het eerste kwart van de 19de eeuw – ontwikkelt het patent van Favre zich in de zakhorloges tot een fijne speelkam van dikwijls 20 tot 30 muziektandjes. Aanvankelijk wordt hierbij gebruik gemaakt van een afzonderlijk muziekcilindertje met toonstiftjes en een speelkam met evenwijdige tanden. Een muziekcilindertje, hoe klein ook van uitvoering, heeft toch een zekere dikte en neemt bovendien relatief veel ruimte in beslag. Dit gegeven staat evenwel haaks op de juist toen sterk opkomende trend om steeds plattere horloges te vervaardigen, maar ook hier bieden de mogelijkheden van Favre's vinding uitkomst. Door de muziekstiftjes niet op een rolletje maar op een ronddraaiende schijf te bevestigen en vervolgens de muziektandjes er waaiervormig omheen te groeperen wordt het mogelijk om speelwerken te fabriceren van minder dan drie millimeter dikte. We zien dan ook dat in de jaren rond 1820 in de Zwitserse Jura duizenden fraaie – meestal in een gouden kast gestoken – zakhorloges worden vervaardigd die qua formaat vergelijkbaar zijn met de huidige zakhorloges, maar daarentegen niet alleen in staat zijn om de tijd in uren, minuten en seconden aan

Rechtsboven: Zwitserse cilinderspeeldoos met zes melodieën, vervaardigd door Ami Rivenc te Genève ± 1880. Zgn. 'organocleïde' met mandoline-effect.

Rechtsonder: Detail van de Ami Rivenc-speeldoos. Duidelijk zichtbaar zijn de ietwat schuinlopende pennenreeksen die speeltanden van gelijke toonhoogte in snelle opeenvolging aantokkelen: het mandoline-effect.

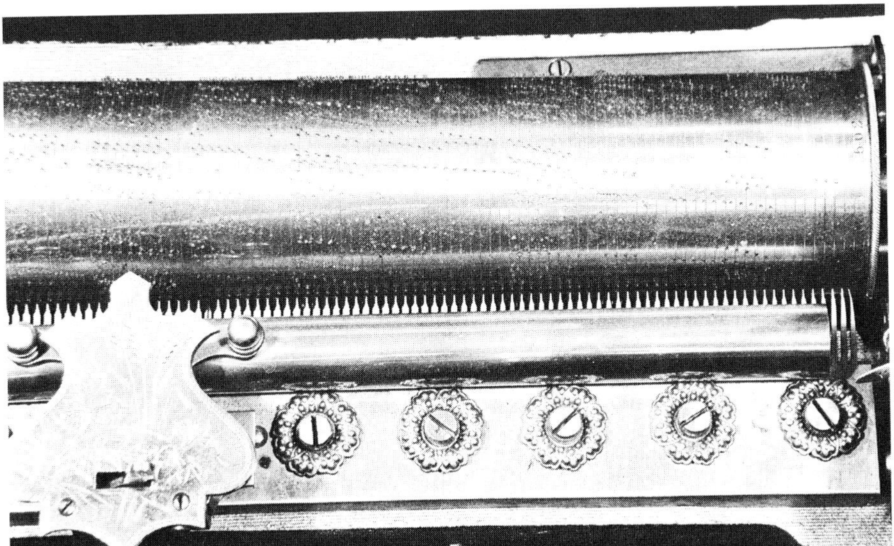

te wijzen, maar ook om de tijd in uren, kwartieren en soms zelfs minuten, te slaan op kleine gongstaafjes en daarbij bovendien nog een welluidende mars of menuet laten horen.

Het is overigens interessant om hier even stil te staan bij het belang van het slaan van de tijd. Deze zogenaamde 'montres à répétition' kunnen de tijd laten horen wanneer men de pendant – de knop bovenaan de horlogekast met de beugel waaraan tevens de ketting bevestigd kon worden – indrukt, hetgeen vooral bijzonder praktisch is gedurende de nachtelijke uren. Men hoeft in het donker slechts op de knop te drukken, waarna het horloge het verstreken aantal uren en kwartieren laat horen, zodat men ten naaste bij weet hoe laat het is. Deze tijd wordt door twee hamertjes geslagen op twee langs de binnenomtrek van de horlogekast lopende gongstaafjes, die meestal met een toonhoogteverschil van een grote terts zijn gestemd. 3.15 uur betekent dan drie slagen op de laagste gong plus één dubbelslag (het kwartier) op beide gongs. Zo vaak men maar wil zal het horloge dit gegeven blijven herhalen tot de wijzers 3.30 uur aangeven, waarop drie slagen op de grote gong en twee dubbelslagen klinken. De 'répétition à la minute' is een extra verfijning waarbij na de kwartieren ook nog de minuten met enkele slagen op de kleine gong worden aangegeven. Het grootste feest krijgt men dus om één minuut voor één: 12 grote slagen, drie dubbelslagen en 14 kleine slagen! Maar laten we terugkeren naar het speelhorloge.
Naast uurwerk en (repetitie)slagwerk vinden we in vele zakhorloges sedert de empire-tijd speelwerken met ofwel een cilinder of een plaat met speelkam. Als men zich bedenkt dat deze uurwerken soms ook nog werden uitgevoerd met allerlei bewegende automaten op de wijzerplaat (en soms ook op de achterzijde) kan men zich enig beeld vormen van de grote precisie, het vakmanschap en de inventiviteit van deze Zwitserse horlogemakers. De schrijver van dit boekje heeft horloges gezien waarop zilveren figuurtjes op de wijzerplaat tot leven komen en met kleine hamertjes de tijd op belletjes aanslaan. Een hond die op de wijzerplaat zit en zijn bek opendoet om de tijd letterlijk af te blaffen: een enkele blaf is een uur; een waf-waf is een kwartier. Koorddansers die op de maat van de muziek over een koord lopen, terwijl lager op de wijzerplaat een minuscuul amortje zijn pijltjes staat te slijpen op een slijpsteen, waarbij de slijpsteen draait en het liefdesgodje zijn ene beentje driftig op en neer beweegt om de slijpsteen in beweging te houden. Het zou om meerdere redenen te ver voeren om de automaten-scènes van de erotische speelhorloges te beschrijven: met enige verbeeldingskracht zal men zich thans evenwel kunnen voorstellen dat ook hier de combinatie van technisch vernuft en inventiviteit ongekende mogelijkheden biedt.

Zwitserse forte-piano cilinderspeeldoos, midden 19de eeuw. Duidelijk zichtbaar zijn de lange (forte) kam en de korte (piano) kam.

Zwitserse Voix-Célestes speeldoos, ± 1880. De speelkam heeft geheel plaats gemaakt voor een reeks toetsen die de 'hemelse stemmen' (dubbele doorslaande tongen) bespelen.

De fraaie, strakke – soms zelfs wat koele – vormgeving van de empire-pendules leent zich bijzonder goed voor het herbergen van een muziekwerk met speelkam. In de voet van vele zogenaamde kolompendules is een speelwerk te vinden dat ieder uur van het uurwerk een sein krijgt om het muzikale voorspel te leveren voor het slagwerk. In de loop van de 19de eeuw ziet men trouwens steeds meer houten onderstellen die niet alleen dienen als onderkomen voor een speelwerk maar tevens de glazen stolp dragen die de op deze voet geplaatste pendule voor stof moet beschermen. Ook het materiaal speelt hier een belangrijke rol: een speelkam heeft een klankbodem nodig en deze dient (bij voorkeur) van hout te zijn. Vandaar dat vele bronzen pendules op zo'n houten voet met speelwerk staan. Evenals bij het bellenspeelwerk kan ook hier de rol verschoven worden om een zo gevarieerd mogelijk repertoire te verkrijgen. Bij de bellenspeelwerken moet men evenwel meestal zelf de melodiekeus bepalen door een wijzer of een

knopje te verschuiven, terwijl bij de speelwerken met speelkam het verschuiven van de rol automatisch geschiedt. Ook hier kan men meestal een repertoire van vier, zes, acht of twaalf melodieën verwachten.
De eenvoudigste – en goedkoopste – uitvoering van de houten voet met speelwerk als basis voor pendule en stolp is wel die, waarbij het muziekcilindertje slechts twee melodietjes kan spelen. Deze wisselen niet automatisch maar via een knopje aan de voor- of zijkant dat met de hand op twee verschillende standen kan worden verschoven. Boven dit knopje staat dikwijls gegraveerd in fraai dik/dun schrift 'changer'. Met een tweede knopje kan men het speelwerkje naar believen laten spelen. De bijbehorende inscriptie luidt hier 'arrêter – jouer'. De veer van deze 2-air cilinderspeelwerkjes wordt vrijwel steeds opgewonden door een stevig koord 10-20 cm uit te trekken. Hierbij staat uiteraard 'remonter'. De veer van de grotere cilinderspeelwerken met 4-12 melodieën wordt steeds met een sleutel opgewonden.

Het programma van de Voix-Célestes speeldoos. De muziekcilinder kan twaalf maal verschuiven.

Globaal kan men stellen dat het speelwerk met speelkam in het eerste kwart van de 19de eeuw weliswaar een zeer snelle ontwikkeling doormaakt, maar vrijwel steeds een onderdeel vormt van een groter geheel: een klok, een horloge, een snuifdoos, een bijouteriekistje enz. In het tweede kwart van de 19de eeuw zijn de technische en muzikale mogelijkheden van de speelkam zo groot geworden dat de speeldoos als object-op-zich alleszins levensvatbaar blijkt te zijn. Die vroege cilinderspeeldozen zien er meestal zeer eenvoudig uit. Een simpel houten kistje met een opklapbaar bovendeksel, waaronder het mechaniek met de muziekcilinder en de speelkam direct zichtbaar is. De opwinding geschiedt met een sleutel die aan de (linker) zijkant in het kistje kan worden gestoken; vanaf ± 1840 wordt deze linker zijkant beschermd door een extra zij-dekseltje dat naar beneden kan klappen om toegang te verschaffen tot het opwindgat en de (drie) bedieningshendels van het speelwerk. Patenten van de speeldoosmakers Lecoultre en Nicole om grote speelkammen uit één stuk te vervaardigen en om fraaie sonoor klinkende bastonen te produceren door de betreffende muziektanden te voorzien van een loden verzwaring, hebben er in belangrijke mate toe bijgedragen dat zeer ambitieuze muzikale programma's op de muziekrol konden worden geprogrammeerd. Rond 1830 worden speeldozen gemaakt met meer dan 200 muziektanden, die ruim vijf octaven omspannen. Men zal zich hier wellicht afvragen waarom er voor vijf octaven – zelfs als ze volledig chromatisch zijn – zoveel tanden nodig zijn. Dit behoeft enige toelichting.
Om te kunnen zorgen voor een snelle repetitie (herhaling) van eenzelfde toon bleek het gewenst om van de belangrijke (meestal diatonische) noten meer dan één muziektand in de kam te hebben. Dit verschijnsel vertoont een duidelijke parallel met de Gouden-Eeuwse beiaarden waarbij één klok door meerdere hamers aangeslagen kan worden. Het is dan ook heel gebruikelijk om bij de betere speelwerken in de speelkam groepjes van twee, drie of vier tanden aan te treffen die alle dezelfde toonhoogte hebben. Bij de carillons is het systeem van meerdere hamers per klok uitsluitend een muziek-technische noodzaak gebleven, maar bij de speelkam wordt deze nood tot een deugd en leidt tot de geboorte van de zogenaamde 'boîte mandolinée'. Bij deze mandoline-speeldozen treft men in de speelkam groepjes van zes tot tien tanden met dezelfde toonhoogte aan. Door nu de tonen van de melodie in de vorm van ietwat schuinlopende reeksen pinnetjes op de rol te noteren zal de betreffende noot gedurende zijn gehele waarde aangetokkeld worden op zo'n reeks van bijvoorbeeld acht gelijkgestemde tandjes. Dit tremolo-achtige effect doet sterk denken aan een mandoline, vandaar de naam. Het spreekt uiteraard vanzelf dat bij dit systeem een fijne speelkam met zeer veel tanden nodig is. In het Nationaal Museum van Speelklok tot Pierement te Utrecht bevindt zich een mandoline-speeldoos – een zogenaamde organocleïde – waarvan de speelkam maar liefst 301 tanden telt!

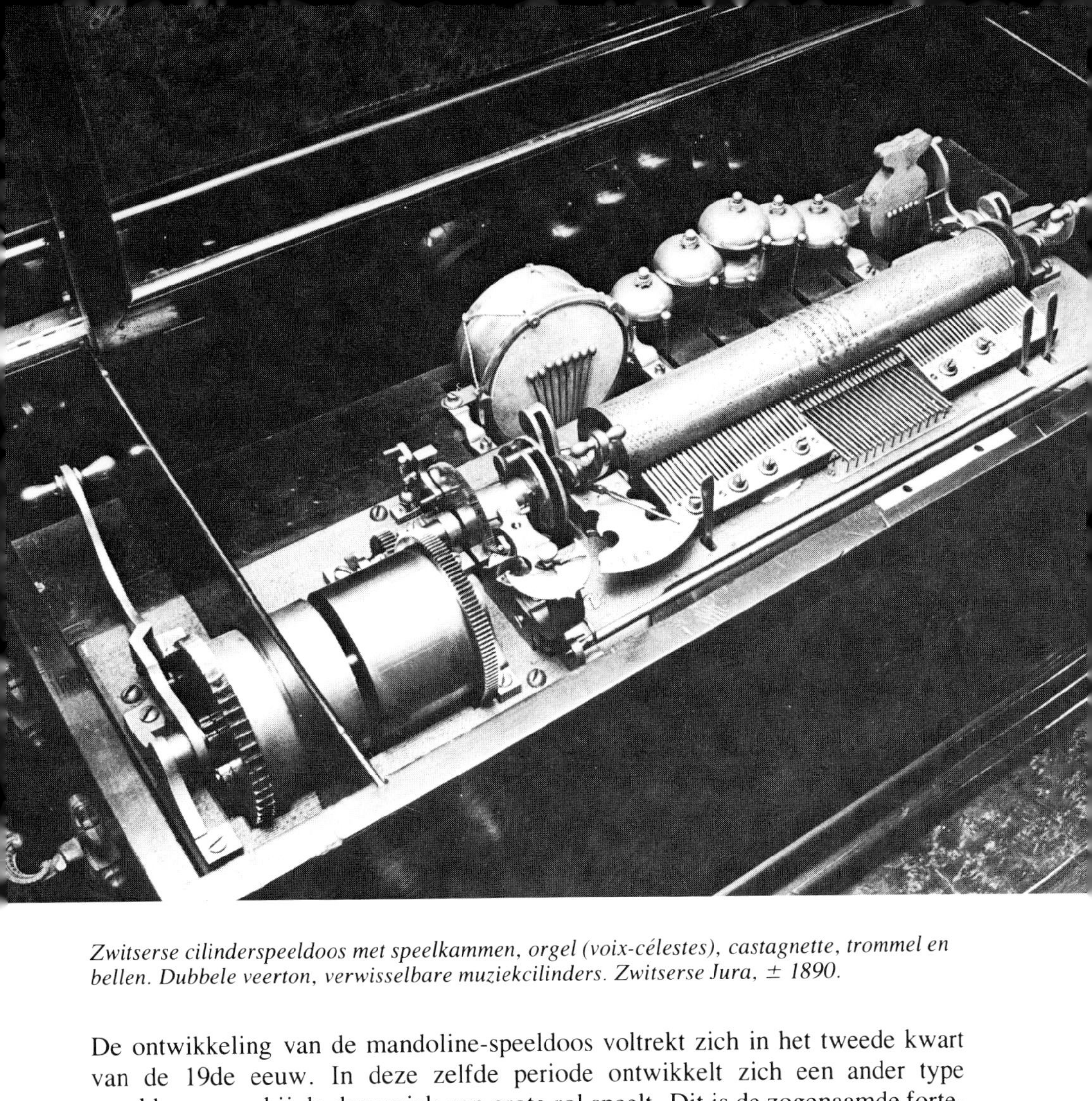

Zwitserse cilinderspeeldoos met speelkammen, orgel (voix-célestes), castagnette, trommel en bellen. Dubbele veerton, verwisselbare muziekcilinders. Zwitserse Jura, ± 1890.

De ontwikkeling van de mandoline-speeldoos voltrekt zich in het tweede kwart van de 19de eeuw. In deze zelfde periode ontwikkelt zich een ander type speeldoos, waarbij de dynamiek een grote rol speelt. Dit is de zogenaamde forte-piano speeldoos waarbij de rol twee speelkammen bespeelt, waarvan de ene aanmerkelijk zachter geïntoneerd is dan de andere. De dynamiek-verschillen (het luidere en zachtere spel) geven een grote schoonheid aan deze speeldozen en de echte liefhebber van kwaliteit zal ze meestal prefereren boven de latere exemplaren met allerlei bellen, trommels en kleppers.
Als men de dozen beoordeelt naar hun muzikale programma zijn de zogenaamde ouverture-speeldozen ongetwijfeld het boeiendst. Ook hier ligt het hoogtepunt

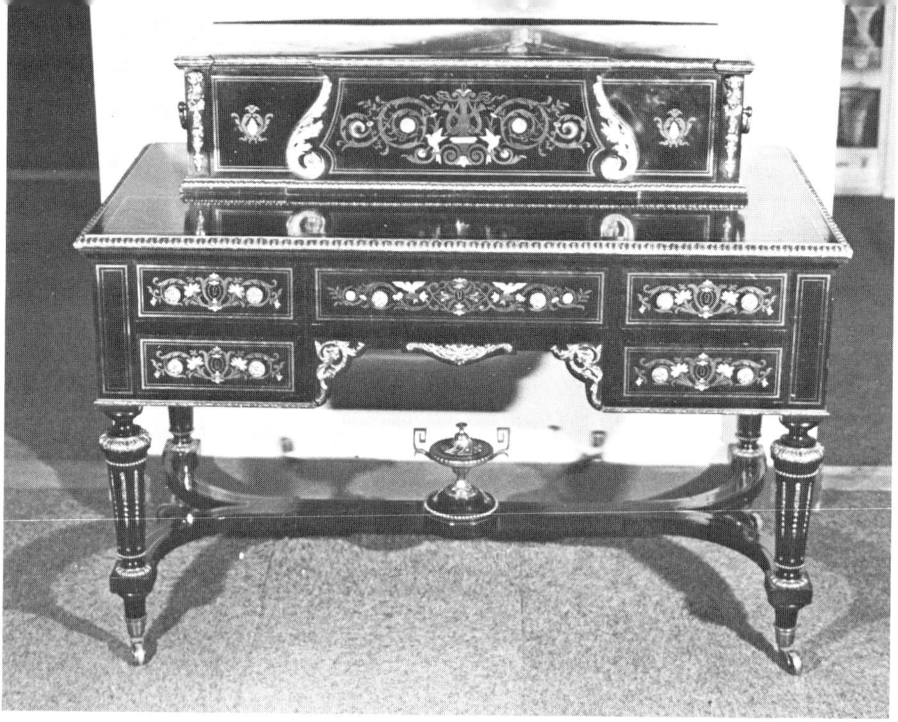

Linksboven: Rijk uitgevoerde Zwitserse cilinderspeeldoos op bijbehorende tafel met bureau en wissenrollen, de fameuze 'Sublime Harmonie Plérodiénique' van de firma Paillard-Vaucher & Co. te Ste. Croix, ± 1885.

Linksonder: De 'Sublime Harmonie Plérodiénique' met geopend deksel en uitgetrokken cilinder- en bureauladen.

Boven: Het speelwerk van de Plérodiénique met de dubbele (sublime harmonie) speelkam.

Rechts: Detail van een muziekcilinder van de Plérodiénique. De ruimte tussen de beide cilinderhelften is bedekt door een ring. Beide helften verschuiven zes maal onafhankelijk van elkaar zodat de muziek, ook tijdens de verschuiving van een helft, doorspeelt. De totale ononderbroken speelduur komt hiermee op ruim zes minuten.

van de ontwikkeling in het tweede kwart van de 19de eeuw. Deze dozen zijn vrij gemakkelijk herkenbaar aan de dikke muziekcilinder en de bijzonder fijne speelkam met smalle, dicht aaneen liggende tanden. Deze ouverture-speeldozen hebben meestal een repertoire van drie (soms vier) ouvertures.

In het derde kwart van de 19de eeuw voltrekt zich een aantal ingrijpende veranderingen in de speeldozenindustrie. De massaproduktie komt op gang met alle positieve en ook negatieve gevolgen vandien. Het 'individuele' karakter van de vroege cilinderspeeldozen maakt plaats voor een steeds grotere mate van gelijkvormigheid en gelijkluidendheid, terwijl de kwaliteit van het geluid allengs begint te wijken voor de kwantiteit. Voor de echte liefhebber is er een hemels-

Een Duplex cilinderdoos uit het laatste kwart van de 19de eeuw. Evenals bij de sublime-harmonie speeldozen worden hier twee speelkammen van gelijke omvang maar met een quint verschil bespeeld.

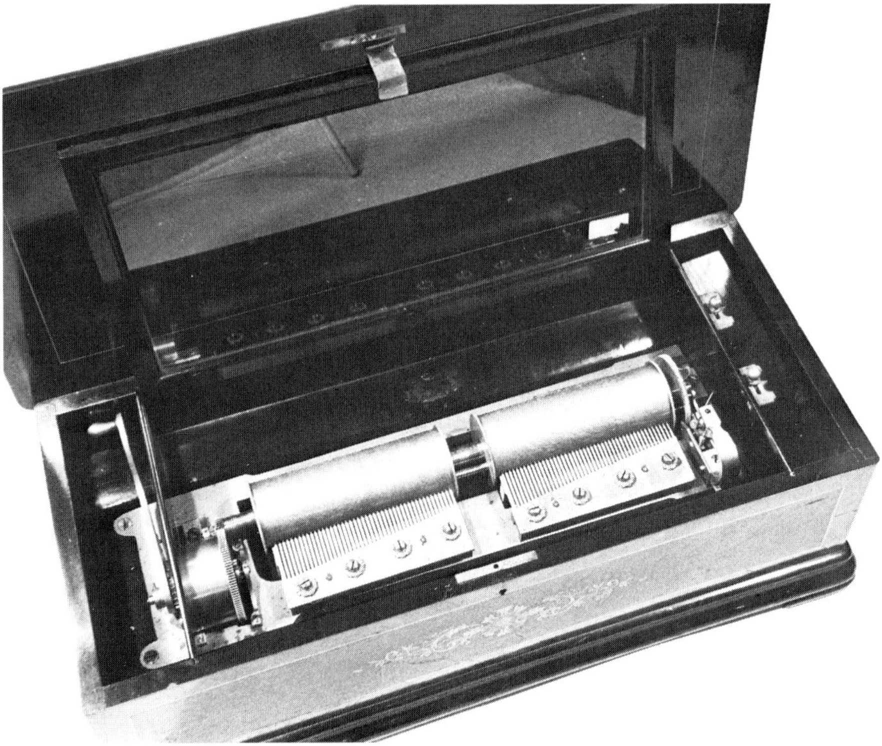

Zwitserse cilinderspeeldoos met revolver-systeem, ± 1880.

breed verschil tussen de zachte, subtiele, soms werkelijk ragfijn klinkende muziekzettingen van een ouverture-speeldoos uit ± 1840 en een luide, soms bijna opdringerig aandoende potpourri-speeldoos uit ± 1890 met een repertoire van 12 deunen, compleet met onderscheidingsmedailles met daarop vermeldingen zoals: 'sonorité extra puissante... sublime harmonie... qualité excelsior'. Het is misschien hier reeds de plaats om een simpele vuistregel – waarop uiteraard altijd uitzonderingen te vinden zullen zijn – aan te geven: de vroege (kwaliteits)speeldozen zijn herkenbaar aan de sleutel-opwinding aan de linker zijkant, terwijl de massaproduktie, vooral uit de jaren 1870 tot de Eerste Wereldoorlog, als duidelijk kenmerk de opwindhendel heeft die meestal links in de doos is aangebracht en met een pompende beweging op en neer bewogen moet worden voor het opwinden van de veer. In de tweede helft van de 19de eeuw ontstaat ook het binnendeksel met de ruit waardoor men het speelwerk kan zien zonder dat er evenwel stof in het mechaniek komt.

Een muzikaal markante ontwikkeling in de tweede helft van de 19de eeuw was de zogenaamde voix-célèstes speeldoos. Het was de tijd waarin in de huiskamers het harmonium als met de hand bespeelbaar muziekinstrument een grote populariteit heeft verworven en het is dan ook niet verwonderlijk dat dit genre toegepast wordt in de speeldoos. Een harmonium is een windinstrument; het is dan ook logisch dat het mechaniek van de voix-célèstes speeldoos tevens de windvoorziening moet verzorgen. Een meestal door het middengedeelte van de muziekrol bespeeld klavier opent, zoals bij ieder orgel, klepjes in een klein windlaatje waardoor de betreffende tongetjes (net als in een mondharmonica) door de luchtstroom in trilling komen. Door per toets twee zwevend gestemde tongetjes te laten klinken ontstaat een aangenaam (?) vibrato-effect: vandaar ook de fraaie benaming 'hemelse stemmen'. De toetsen van het tongorgeltje worden aan weerskanten omringd door de tanden van de speelkammen. Dikwijls treft men in deze dozen ook nog een aantal tanden aan die geen tonen voortbrengen maar door middel van een transmissiesysteem zorgen voor de bespeling van een trommeltje, kleppers of bellen. Technisch zijn deze dozen vaak bijzonder knap gemaakt. In ieder geval krijgt men decibellen voor zijn geld en dat simpele gegeven biedt duidelijke commerciële voordelen.

De bellenreeksen in de latere cilinderspeeldozen worden soms bespeeld door eenvoudige hamertjes. Dikwijls evenwel hebben deze hamertjes de vorm van vlindertjes of bijtjes en zelfs vindt men uitvoeringen waarbij een aantal mannetjes hun linker of rechter arm opheffen om een belletje aan te slaan, waarbij ze tevens hun hoofd draaien in de richting van het betreffende belletje.
Een nadeel bij alle automatisch spelende muziekinstrumenten met een cilinder is

Mechanisch speelgoed met cilinderspeelwerk, ± 1900. Als de muziek klinkt komt het konijntje behoedzaam omhoog uit de kool, spitst de oren en eet vervolgens een koolblaadje, waarna hij weer terugduikt in de kool.

dat de muziek na één volledige omdraaiing van de cilinder aan zijn eind is. Of liever gezegd: 'aan zijn eind moet zijn'. Dit harde gegeven leverde nogal eens problemen op voor de muziekarrangeurs, die populaire muziekstukken van allerlei lengten moesten zien samen te persen binnen de één à twee minuten die een volledige omwenteling van de muziekrol in beslag neemt. Dit leidde – althans bij minder ervaren arrangeurs – soms tot een te dicht ineengeschoven muzieknotatie, die als gevolg daarvan bij afspeling veel te snel (en rommelig) klinkt of ontijdige en muzikaal dikwijls geheel onverantwoorde afsluitingen van het muziekstuk. En dat alles vanwege het simpele feit dat de rol rond is. Verschuiving van de rol betekent dan wel een nieuw muziekstuk, maar een ononderbroken voortzetting van het eerste stuk is niet mogelijk. Een oplossing wordt gevonden in de vorm van de zogenaamde spiraalnotatie, waarbij de cilinder tijdens het spel geleidelijk of stapsgewijs zijdelings verschuift en de muziek derhalve over zes of acht omwentelingen verdeeld kon worden. Deze oplossing stelt technisch evenwel zulke hoge eisen aan het mechaniek en was bovendien zo kwetsbaar en ook nog kostbaar dat de produktie van speeldozen met een spiraalnotatie nooit echt van de grond is gekomen.

De fraaiste vorm van dit soort speeldozen en bovendien ook veruit de kostbaarste, is de Sublime Harmonie Plérodiénique van de firma Paillard Vaucher et Fils te

Mechanisch speelgoed met cilinder-speelwerk, ± 1900. De clown bespeelt met een pook de beddepan alsof het een viool was. Tijdens het spel steekt hij zijn tong uit, knikt met zijn hoofd en beweegt zijn muts.

Ste. Croix in de Zwitserse Jura. In de rijk uitgevoerde, neo-Lodewijk XVI-achtige tafel bevinden zich vier laden met verwisselbare muziekcilinders plus een bureaulade om aan te schrijven. Iedere muziekcilinder bestaat uit twee afzonderlijke helften die onafhankelijk van elkaar kunnen verschuiven. Begint nu de doos te spelen, dan worden twee identieke speelkammen door de beide helften van de muziekrol gelijktijdig bespeeld. Na enige tijd schuift de ene helft een stapje op, waarbij tijdens het opschuiven de ander andere helft de speelfunctie in zijn geheel overneemt. De inmiddels verschoven helft pakt vervolgens de gehele muzieknotatie weer op, waarna de andere helft aan zijn verschuiving begint. Als dan beide helften na elkaar verschoven zijn spelen ze vervolgens weer samen totdat aan het einde van de tweede omwenteling hetzelfde proces zich herhaalt. Tijdens het spel wordt de muziekcilinder dan ook steeds korter, terwijl aan het einde van de zesde omwenteling de beide helften weer uiteen springen tot hun volle oorspronkelijke breedte.
Weer een andere vorm om een groter repertoire te krijgen is de zogenaamde revolverspeeldoos. Hierbij zijn een aantal muziekcilinders in een revolver, een verstelbare cilinderhouder, aangebracht op een zodanige wijze dat verdraaiing van deze revolver telkens een nieuwe muziekcilinder in direct contact brengt met de speelkam. Ook bij de revolverspeeldozen zijn de technische eisen zo hoog en is de vervaardiging zo bewerkelijk, dat slechts weinige van deze speeldozen zijn gemaakt en nog aanmerkelijk minder de tand des tijds hebben weerstaan.
Ligt het muzikale hoogtepunt van de speeldozenfabricage in het tweede kwart van de 19de eeuw, het commerciële hoogtepunt ligt ongetwijfeld in de tachtiger jaren van die eeuw. In 1885 komt evenwel in Duitsland, in Leipzig, een nieuwe ontwikkeling op gang die weldra het einde zou betekenen van de Zwitserse cilinderspeeldozenindustrie. Het is de opkomst van de platenspeeldoos waarvan Leipzig het grote centrum werd en bleef. Sedert ± 1890 overspoelen de Duitse platenspeeldozenfabrikanten de wereld met hun Symphonions en Polyphons en het nieuwe systeem van gemakkelijk verwisselbare blikken speelplaten maakt een spoedig einde aan de Zwitserse cilinderspeeldozenindustrie. Tussen 1890 en de Eerste Wereldoorlog ziet men de Zwitserse produktie langzaam maar gestaag ineenzakken totdat na de Eerste Wereldoorlog nog slechts kleine souvenirspeelwerkjes vervaardigd worden voor chaletjes, koekoeksklokken, toiletrolhouders en dergelijke. Thans, na de Tweede Wereldoorlog, is er enigszins sprake van een opleving van de Zwitserse cilinderspeeldozenindustrie, maar de gouden tijden van de 19de eeuw zijn definitief voorbij en het ziet er momenteel (1981) naar uit, dat noch Zwitserland, noch Duitsland, maar Japan zal gaan strijken met de eer, en met zijn massaproduktie en superieure commerciële en organisatorische aanpak de speeldoos van de toekomst tot een specifiek Japans produkt zal promoveren.

Waltz from Faust

Duitsland: de platenspeeldoos en de jukebox

In het vorige hoofdstuk werd het einde van de Zwitserse cilinderspeeldoos reeds aangekondigd door de opkomst van de Duitse platenspeeldoos tegen het einde van de 19de eeuw. Tussen 1885 en 1890 volgden de patenten voor verbetering van de platenspeeldoos elkaar in hoog tempo op. Het gestandaardiseerde resultaat was tenslotte het bekende, vierkante doosje met opklapbaar deksel waarop meestal de welluidende namen Symphonion, Polyphon, Kalliope, Fortuna, etc. vermeld stonden. Er ontwikkelde zich tevens een staande variant met muziekplaten met een diameter van soms meer dan 70 centimeter. Kleurige lithografiëen aan de binnenzijde van het deksel waren duidelijk tijds- en stijlbepalend, terwijl de vormgeving en ornamentiek van de grotere platenspeeldozen al evenzeer een duidelijke weerspiegeling vormden van de heersende modetrends.
Wat verklaart nu het grote succes van deze nieuwe speeldozen en in welk opzicht vormde hun komst zo'n bedreiging voor de Zwitserse cilinderspeeldozenindustrie? Het is aardig om, ter vergelijking, eerst nog eens te bezien hoe het muziekpatroon van een cilinderspeeldoos werd vervaardigd en om vervolgens te kijken hoe de produktie van de blikken speelplaten hier in allerlei opzichten tegen afstak.

Het vervaardigen van een muziekcilinder is een tijdrovende en kostbare aangelegenheid. Om te beginnen wordt een holle messing cilinder, de mantel, in de noteermachine gezet zodat het gatenpatroon erin geboord kan worden. Deze machine werkt als volgt. Een constant ronddraaiend boortje kan evenwijdig aan de as van de cilinder verschoven worden, waarbij het in een aantal standen gefixeerd kan worden door een aan het boortje bevestigd hendeltje te drukken in een inkeping van een fijne vertanding, die overeenkomt met de onderlinge afstand van de tanden van de muziekkam. Door vóór dit tandbaantje op de noteermachine een strookje papier te bevestigen waarop met een scherp potlood de bij iedere inkeping behorende notennaam is geschreven, kan men door de zijdelingse beweging van de boor van positie tot positie – afhankelijk van de gewenste noten – een accoord 'boren'. Telkens wanneer de boor bij de gewenste

Kalliope-platenspeeldoosje met verwisselbare muziekplaatjes. Leipzig, ± 1900.

noot is aangekomen, wordt zijn positie gefixeerd door het hendeltje in de betreffende inkeping te drukken en vervolgens het boortje naar beneden te drukken, waarbij het in ongeveer één seconde in de dunne messing mantel een gat boort.
Nu is van tevoren op de as van de cilinder een tandrad bevestigd, waarvan het aantal tanden zodanig gekozen is dat het overeenkomt met het aantal gewenste muziekmaten maal drie, vier, zes of acht. Er dienen hier zeer veel mogelijkheden te zijn; één wand van het noteer-vertrek van de speeldozenfabriek hangt dan ook vol met raderen waarvan het tandental varieert van 16 tot 180.
Stel nu dat bijvoorbeeld de melodie 'Zie ginds komt de stoomboot' op een muziekrolletje moet worden geprogrammeerd. Men telt daartoe het aantal maten (16), en vermenigvuldigt dat met drie (vanwege de 3 tellen per maat) of, vanwege de iets grotere precisie, met zes. Men komt nu aan een totaal van 108 tanden. Er

Hetzelfde Kalliope-platenspeeldoosje; een blik onder de plaat op de reeks sterraadjes die het muziekpatroon van de uitgestanste lipjes (zichtbaar als gaatjes in de plaat) overbrengen op de speelkam.

moet evenwel voor worden gezorgd dat het eind van de melodie niet raakt aan het begin en men moet er dus voor zorgen dat er een lege ruimte, de zogenaamde 'straat' op de cilinder overblijft. Hiertoe telt men nog een twintigtal tanden bij de uitkomst op, terwijl men bovendien nog twee tanden extra rekent voor verlies ten gevolge van retenuti (vertragingen). Men neemt dus een rad met 130 tanden of, als dat niet voorradig is, een rad met 129 of 131 tanden en 128 of 132 tanden zullen ook bepaald nog geen problemen opleveren. Men bevestigt het rad aan de zijkant op de as van de te noteren cilinder en drukt tegen de getande omtrek vervolgens een zogenaamd wormrad met een verticale as waarop aan de bovenkant een slingertje met een wijzer is bevestigd. Deze wijzer loopt over een verdeelschijf, waarin een aantal concentrische ringen met verschillende verdelingen zijn aangebracht. Eén complete omwenteling van het slingertje betekent dat het rad op de cilinderas één tandje verder draait.
Inmiddels is de notatie van de stoomboot op papier uitgeschreven en zijn de diverse toonhoogten van de muziekkam op het papiertje aangetekend. Men zet de wijzer op het nulpunt van de verdeelschrijf en boort vervolgens een d (als men uitgaat van de toonaard G). Men draait de slinger twee maal rond en boort vervolgens een g,b,d en g. Dat is het accoord dat hoort bij het woordje 'ginds'. Vervolgens draait men de slinger weer twee keer rond en boort men weer de melodienoot g plus wat men er verder bij wil hebben als accoord. Het zal duidelijk zijn dat kortere notenwaarden te noteren zijn door de slinger slechts éénmaal of een halve maal of – bijvoorbeeld bij een triool – driemaal 240^0 rond te draaien. Bij een vertraging aan het einde van een muzikale frase of aan het einde van het stuk zal men bij de laatste vier of vijf noten telkens iets verder over het nulpunt heengaan: eerst 10^0, dan 30^0, dan 70^0 en tenslotte 120^0. Bovendien last men hier en daar een muzikale adempauze in door een 90^0 tot 180^0 extra door te draaien.
Een arpeggio (snel na elkaar aangetokkelde noten van een accoord) kan men programmeren door de diverse noten van het accoord met onderlinge tussenruimten van bijvoorbeeld 20^0 zodanig te programmeren dat de middelste noot van het accoord samenvalt met de nulpositie op de verdeelschijf. Ook kan men het noteren van een arpeggio combineren met een vertraging. Het is uiteraard ondoenlijk om precies aan te geven hoeveel men wel of niet over het nulpunt heen moet gaan; muzikaal gevoel en ervaring met de materie spelen hier een zeer belangrijke rol. Het zal dan ook vanzelf spreken dat deze vrije manier van noteren een veel levendiger resultaat oplevert dan de starre manier waarop een computer het wellicht zou kunnen doen en waarbij uiteraard iedere kwartnoot exact dezelfde waarde krijgt als iedere andere kwartnoot. Het zal ook vanzelf spreken dat men bij deze vrije notatie hier en daar wat extra ruimte nodig heeft, vandaar het incalculeren van de twee reservetanden.

SCHOOL

Links: De Polyphon M 5 platenwisselaar met muntinworp en keuze uit tien platen. Polyphon A.G., Leipzig 1897.

De Polyphon M 5 geopend.

Polyphon M 5; detail aandrijfmechaniek en speelkam.

Links: Polyphon M 5; detail van de transportmechanieken (horizontaal op rolletjes, verticaal langs glijders).

Als tenslotte de gehele cilindermantel is doorboord met gaten, is daarmee de hoogst-gekwalificeerde arbeid achter de rug. De volgende stap is het pennen zetten, een tijdrovend en geestdodend werkje dat veel door vrouwen en kinderen als huisarbeid werd verricht. In ieder gaatje moet een metalen stiftje worden gestoken dat minstens evenver binnen in de cilinder steekt als erbuiten. Men bedenke zich hierbij dat de doorsnee muziekcilinder van een 19de-eeuwse speeldoos zo'n 4.000 tot 6.000 gaatjes heeft om vervolgens nog eens te denken aan die arme vrouwen en kinderen...
Deze pinnetjes zitten nog niet echt vast in de rol. Dit geschiedt pas als de rol gevuld is met een lak-achtige substantie die verhit wordt terwijl de cilinder snel wordt rondgedraaid. Door de middelpuntvliedende kracht zet de vloeibare lak zich vast tegen de binnenzijde van de cilinder en fixeert op die wijze alle binneneinden van de muziekstiftjes. Daarna volgt nog een uitermate zorgvuldig werkje: het scheren van de cilinder. Om een metrisch getrouwe weergave van het muziekpatroon te krijgen spreekt het vanzelf dat alle pinnetjes precies even lang moeten zijn. Hiertoe wordt de cilinder langzaam rondgedraaid terwijl een met een zeer hoog toerental ronddraaiend slijpsteentje heen en weer langs de cilinder wordt bewogen. Door dit slijpsteentje na iedere heen-weer beweging een fractie dichter bij de cilinder te brengen zullen tenslotte alle pinnetjes met het slijpsteentje in contact gekomen zijn en derhalve alle op volmaakt gelijke lengte zijn afgeschoren.
Maar ook nu zijn we er nog niet. Een tijdrovende na-regulatie van de pinnen dient te geschieden met de cilinder in positie in het speelwerk waarbij door een vakman nagegaan wordt of die pinnetjes die een accoord moeten laten horen inderdaad precies gelijktijdig de betreffende tandjes tot klinken brengen. Door kleine wijzigingen in de stand van sommige pinnen aan te brengen levert deze bewerking de muzikale finishing-touch op, waarna het speelwerk in zijn doos kan worden gemonteerd. Het zal inmiddels niemand meer verbazen dat zelfs in een tijd, waarin een vakman als kostwinner dikwijls minder dan *f* 10,-- per week verdiende, de vervaardiging van een muziekcilinder desalniettemin een kostbare zaak was. Stelt men zich bovendien de grote kwetsbaarheid van de muziekcilinders voor, de technisch gecompliceerde uitwisselbaarheid en de relatief moeilijke opbergmoeilijkheden van de cilinders dan zal men zich des te beter de vele grote voordelen van de speelplaat realiseren.

Terug dus naar de platenspeeldoos. Als eenmaal een 'master', een moederplaat, vervaardigd was kon deze plaat vervolgens direct gekopieerd worden met een stansmachine waarbij het mogelijk was meerdere platen tegelijkertijd uit te

Tafelklok met orgelwerk, atelier Jaquet-Droz, La Chaux-de-Fonds, ± 1780.

De Shaftesbury-speelklok. Deze 1,45 meter hoge tafelklok is uitgevoerd in vernis-martin met vergulde bronzen en kristallen ornamenten. In het bovenste gedeelte het gaande werk, slagwerk en bellenspeelwerk, het onderste gedeelte herbergt het orgelwerk.

Franse speelklok met orgelwerk en automaten. Deze Franse empire-pendule was het geschenk van de stad Lyon aan keizer Napoleon bij zijn bezoek aan deze stad in 1806.
Tijdens het orgelspel stromen de fontijnen, worden de hoofden van Napoleon en Josephine door twee engeltjes gekroond, verschijnt een bewegende vogel boven de XII en vecht de adelaar met de slang.

Linksboven: Gouden zakhorloge met kwartier-repetitie en waaierkam-speelwerk. Op de wijzerplaat een emailschildering van een fluitspelende dame met een putto. Zwitserse Jura, ± 1820. Rechtsboven: Een blik in het fraai gegraveerde en vergulde mechaniek van het horloge.

Onder: een snuifdoosje met mechanische vogel, vervaardigd door Bruguier te Genève in het midden van de 19de eeuw. Het twee cm grote vogeltje beweegt zijn kopje, bek, vleugels en staart. Tenslotte klapt het weg in het doosje waarna het ovalen dekseltje zich automatisch sluit.

De Steinway Duo-Art reproductievleugel.

Linker pagina: Salon-cilinderorgel in houten witgeschilderde en met bladgoud vergulde Louis XV-kast, tweede helft 18de eeuw. Duidelijk zichtbaar is de slinger; de zes registers worden aan de linkerkant eveneens met de hand bediend.

Links: Cilinderorgeltje met automaten, gebouwd door de grondlegger van de Schwarzwalder draaiorgelindustrie Ignaz Bruder. Tweede kwart 19de eeuw.

Onder: De Aalster Gavioli, Frans draaiorgel met boeksysteem. Rijke neo-rococo vormgeving, ± 1900.

FOUCHER
GASPARINI
PARIS

GRAMMONT

Links: Een Gasparini-draaiorgel met Jugendstil front. Dit type draaiorgel met het nieuwe boeksysteem verscheen in 1903 via het verhuurbedrijf Warnies op de Nederlandse straten.

Linksonder: Jugendstil-vormgeving voor de danszaal, het 90-toets Hooghuys-dansorgel van 1912.

stansen. Een druk op de hefboom betekende het uitponsen van een lipje dat tegelijkertijd werd omgebogen en de goede vorm kreeg. Tegenover de veelheid van materialen en bewerkingen bij de muziekcilinder staat hier dus een simpel stuk blik dat aan één bewerking voldoende heeft. De snelle en eenvoudige produktiemethode, het (in verhouding) goedkope materiaal, de gemakkelijke uitwisselbaarheid van platen en het gemak van het aanleggen van een discotheek vormden evenzovele doorslaggevende factoren waardoor de platenspeeldoos de enorme populariteit kon behalen, die hij in de jaren tussen 1890 en de Eerste Wereldoorlog genoot. Tienduizenden platenspeeldozen werden jaarlijks door de Leipziger fabrieken letterlijk over de hele wereld gedistribueerd. De firma Polyphon, de grootste platenspeeldozenfabrikant van Europa, had in 1900 ruim 1.000 arbeiders die voor een groot gedeelte werkten aan de lopende band. Het is goed om zich deze zaken terdege te realiseren, al was het alleen maar als tegengif tegen de ongetwijfeld goedbedoelde maar dikwijls onjuiste en prijs-opdrijvende verhalen van vele antiekhandelaars als zou een platenspeeldoos iets uitermate zeldzaams, unieks, uit de tijd van Napoleon, enz. enz. zijn. Hoed u voor dat soort verhalen. Hoed u ook voor de verhalen waarin wordt gezegd dat het geknisper en gekraak van het mechaniek een bewijs is van zijn ouderdom en authenticiteit. Dat het een bewijs is van het echte handwerk en dat je er aan kunt horen dat alle tandjes door een of ander uniek vakmannetje met de hand zijn ingevijld. Een speeldoos – juist ook een antieke – mag niet kraken of knisperen. Het is (meestal) een degelijk gemaakt massaprodukt, dat althans in het verleden zonder meer in staat was om zonder enige bijgeluiden een goed en zuiver klinkend stuk muziek te laten horen.

De grote muzikale mogelijkheden en de makkelijke verwisselbaarheid van de platenspeeldoos leidden in het laatste decennium van de 19de eeuw tevens tot de ontwikkeling van wat men thans een jukebox zou noemen. De forse, dikwijls meer dan twee meter hoge staande platenspeeldozen met hun fraai gepolitoerde krullerige kasten vormden alras een decoratieve blikvanger in menig café of wachtkamer. Het aanbrengen van een muntinworp verhoogde de commerciële aantrekkelijkheid ervan in niet geringe mate en al spoedig bouwden de firma's Symphonion en Polyphon de eerste platenwisselaars waarbij men, alvorens de cent erin te gooien, een keuze kon maken uit tien verschillende platen. De eigenaar van de 'jukebox' kon het mechaniek zodanig instellen dat de plaat voor

Regina platenspeeldoos; doos en onderkast geopend.

Links: Regina platenspeeldoos op onderkast, ± 1900. Fabrikaat Regina Music Box Co., Rahway, New Jersey, U.S.A. Een produkt van de succesvolle Amerikaanse Regina-fabriek die tot in de jaren twintig platenspeeldozen bleef fabriceren.

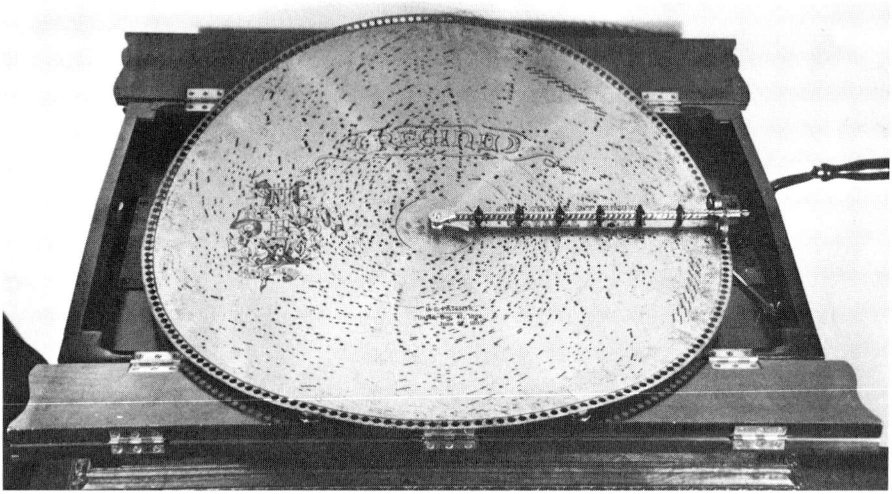

één cent twee maal ronddraaide: de uitdrukking van de twee liedjes voor één cent komt dan ook uit de wereld van de mechanische muziek. Tussen haakjes zij hier nog vermeld dat ook vele café-cilinderpiano's, de zogenaamde 'tingel-tangels', voor één cent twee liedjes (twee omwentelingen van de muziekrol) konden laten horen.

Een aardige bijkomstigheid bij deze platenspeeldozen met muntinworp is dat het bakje, waarin de cent wordt opgevangen, en dat vervolgens door het toegenomen gewicht doorslaat en het mechaniek in werking zet, een gat heeft, waar een per abuis ingeworpen halve cent onmiddellijk doorheen valt. Men was dan de halve cent kwijt zonder dat er zelfs maar een half liedje had geklonken!

De Leipziger platenspeeldozen zijn tot het einde toe toonaangevend gebleven. Weliswaar formuleerde Zwitserland een antwoord in de vorm van de enige Zwitserse platenspeeldoos, de 'Stella' van de firma Mermod Frères te Ste. Croix in de Zwitserse Jura, maar deze technisch overigens in vele opzichten superieure doos kon het commercieel niet opnemen tegen de massaproduktie in Duitsland en de Stella is dan ook een zeldzame vogel in de rijke fauna van de platenspeeldozen. Slechts één firma in een ander land wist met succes te concurreren met de vele Duitse platenspeeldoosfabrikanten. Dat was de Regina Company in Rahway te New Jersey in de Verenigde Staten. Aan het succes van de Regina platenspeeldozen lag een merkwaardige basis ten grondslag. De fabriek werd opgezet in 1892 door twee voormannen van de Polyphon fabriek te Leipzig! Deze heren, Gustave Brachhausen en Paul Riessner, waren in 1889 met allerlei ruzies weggegaan bij de firma Symphonion, eveneens te Leipzig. Het succes van de Regina

Links: De plaat in speelpositie. De plaat staat duidelijk 'hol', zodat de afleeslijn (onder de getorste staaf met wieletjes) recht is.

De Symphonion Eroïca, een platenspeeldoos waarbij drie platen tegelijkertijd een totaal van 300 speeltanden kunnen aantokkelen. Fabrikaat Symphonion, Leipzig, ± 1900.

De geopende Symphonion Eroïca.

platenspeeldozen was zo groot dat de firma het langer heeft volgehouden dan enige andere Duitse concurrent. Pas in 1922 ging de firma failliet.

Evenals bij vele cilinderspeeldozen het geval is, hebben ook de platenspeeldozen dikwijls hun eigen karakter. Het geluid van de Stella is door zijn zilverige helderheid direct te onderscheiden van de wat forser klinkende, maar minder boventoonrijke Polyphon. De Regina houdt hiertussen het midden; de Symphonion heeft weliswaar een helder geluid maar mist een beetje de 'body' van Polyphon- en Kalliopeplatendozen. Vrijwel zonder uitzondering zijn al deze platendozen vervaardigd volgens de beste uurwerkmakersprincipes: dikke messing raderen; fraaie veel-tandige rondsels, solide platines om het raderwerk bijeen te houden en een geruisloos lopende worm-transmissie naar de windvleugel die dikwijls voorzien is van een fijn regelmechaniek voor het tempo.

Evenals bij de cilinderspeeldozen vindt men ook bij de platenspeeldozen allerlei systemen om de klankrijkdom en -volume te vergroten. Op de 'twin-disc' van Symphonion kon men twee complementaire platen tegelijkertijd afspelen; men beoogde daarmee een rijkere muziekzetting en een krachtiger geluid. De Symphonion Eroïca gaat nog een stapje verder: drie complementaire platen worden gelijktijdig afgespeeld. Iedere plaat bespeelt een kam van 100 tanden zodat de muziek voor een totaal van 300 speeltanden is geprogrammeerd. Naar de mening van de schrijver schieten deze systemen evenwel hun doel enigszins voorbij. De hoge graad van muziek-technische perfectie, de daarmee gepaard gaande extra kostbare produktie en de nogal gecompliceerde bediening (het zorgvuldig op- en afzetten van twee of drie platen) leveren nauwelijks een toename op in muzikale rijkdom en volume; de speelduur wordt er trouwens geen seconde langer door. Wellicht vormden het imponerende uiterlijk en het gezicht van twee of drie gelijktijdig ronddraaiende muziekplaten de belangrijkste factoren bij het op de markt brengen van deze stukken.
Tenslotte is het aardig om te constateren op welke wijze de platenspeeldoosfabrikanten in toenemende mate begonnen in te spelen op hun geduchte concurrent: de grammofoon. Vele firma's hebben als een van hun laatste produkten een platenspeeldoos op de markt gebracht waarbij men uiteraard de gebruikelijke ijzeren speelplaten kon draaien, maar tevens het aandrijfmechaniek van de ijzeren plaat en de speelkam kon uitschakelen om er vervolgens een gewone grammofoonplaat op te leggen. De speeldoos kon dan via een al of niet ingebouwde hoorn de zwarte schijven van Edison of His Master's Voice laten horen. In ieder geval betekenden deze platenspeeldozen 'à double usage' het einde van een korte maar markante ontwikkeling in de produktie van de automatisch spelende muziekinstrumenten. Na ± 1920 had de grammofoon het pleit definitief gewonnen.

Automatisch spinet met dansende figuren, Duitsland (Bidermann?), 17de eeuw.

De Steinway reproductievleugel: de Rolls Royce van de pianola's

Evenals de windinstrumenten zijn ook de snaarinstrumenten duizenden jaren oud. De automatisering van de snaarinstrumenten kwam in de 16de eeuw goed op dreef. Er waren toen in Europa reeds vele centra waar fraaie clavecimbels, virginalen, clavichorden, spinetten, etc. werden vervaardigd. In de Renaissance viel ook een snelle ontwikkeling van de uurwerkmakerskunst waar te nemen. Steeds gecompliceerder uurwerken met slag- en speelwerken, astronomische indicaties en bewegende figuren werden gebouwd voor kerken, raadhuizen, paleizen en kastelen, en – in toenemende mate – voor de gegoede burgerij. Een

Het geopende spinet met een blik op snaren en beschilderde klankbodem.

toepassing van deze voortschrijdende technieken bij de automatisering van de snaarinstrumenten lag dan ook direct in de lijn der verwachtingen. Dikwijls konden de snaarinstrumenten uit de 16de eeuw zowel met de hand bespeeld worden als ook via een muziekcilinder met radermechaniek; soms werd het met de hand bespeelbare manuaal geheel weggelaten en kon het instrument uitsluitend via de muziekcilinder musiceren.

In de beschrijving van de muziekinstrumenten van Koning Hendrik VIII van Engeland, opgemaakt na zijn dood in 1547, lezen wij:
'... een instrument dat gaat met een wiel, zonder erop te hoeven spelen...'. Dit instrument viel onder de categorie 'virgynalles', kleine, rechthoekige, spinet-achtig klinkende snaarinstrumenten met een toetsenbord dat veel overeenkomst vertoont met dat van de huidige piano. Duidelijk gaat het hier om een automatisch snaarinstrument dat door middel van een geprogrammeerde muziekcilinder bespeeld werd. De aandrijfkracht werd bij deze instrumenten meestal gevormd door een veermechaniek dat na opwinding de cilinder enige malen kon laten ronddraaien en de drie of vier verschillende arrangementen op de verschuifbare rol kon laten horen.

In de late 16de en 17de eeuw bouwde de familie Bidermann te Augsburg in Duitsland vele automatische spinetten waarvan er enkele bewaard zijn gebleven. Het is een ontroerende ervaring om deze instrumenten te horen spelen: je luistert als het ware naar een grammofoonplaat van meer dan drie eeuwen geleden.
In de 18de eeuw begon zich een nieuw snaarinstrument te ontwikkelen waarbij de snaren niet werden aangetokkeld maar met hamertjes werden aangeslagen. Haydn en Mozart hebben in de tweede helft van de 18de eeuw voor dit nieuwe instrument, de piano, vele composities geschreven. Ook hier is het weer logisch dat reeds voor 1800 de piano werd geautomatiseerd. Bekend zijn de zogenaamde 'Harfenuhren' – een overigens wat misleidende naam – die in het Zwarte Woud in niet onaanzienlijke aantallen werden gemaakt. Op het hele uur klinkt als voorspel op de uurslag een muziekspel op de snaren, die aangeslagen worden door kleine hamertjes. Omdat snaarinstrumenten vooral in vroegere tijden veel sneller ontstemden dan de windinstrumenten is het begrijpelijk, dat het succes van het Harfenuhr in vergelijking tot het Flötenuhr (orgelklok) slechts gering was. Als men deze mechanische pianootjes, zoals men ze terecht zou kunnen noemen, evenwel in technisch en muzikaal goede staat aantreft en beluistert, is het resultaat van een grote bekoring.

In de 19de eeuw ontwikkelde de piano zich tot het machtige instrument waarop Beethoven, Chopin, de klavierleeuw Liszt, enz. zich konden uitleven en ook toen

Een blik in het Harfenuhr. Duidelijk zichtbaar zijn de grote zes-bladige windvleugel en de muziekcilinder met zeven melodieën.

Schwarzwalder Harfenuhr, ± 1800.
Ieder uur wordt de uurslag gevolgd door snarenspel.

bleef de techniek niet achter. Vooral in de tweede helft van de 19de eeuw ontstonden er allerlei systemen om de inmiddels geheel volwassen geworden piano te automatiseren door middel van niet alleen muziekcilinders, maar ook door middel van allerlei andere systemen met geperforeerde zig-zag opgevouwen muziekboeken, geperforeerde muziekrollen, en zelfs door middel van met muziekstiften beslagen plankjes.

De belangrijkste ontwikkeling in de automatisering van de piano vond evenwel plaats in de laatste jaren van de 19de eeuw en leverde in het prille begin van de 20ste eeuw de zogenaamde reproductiepiano op. In 1904 verscheen in Duitsland de Welte Vorsetzer, een apparaat dat men zodanig vóór een piano kon schuiven dat de er uit stekende mechanische vingertjes precies boven de toetsen lagen. Door nu een papieren muziekrol in de voorzetter te stoppen en deze vervolgens af te spelen, bespeelden de mechanische vingertjes de toetsen van de piano. Het grote belang van deze ontwikkeling was gelegen in de wijze waarop de papieren muziekrollen werden geprogrammeerd. Niet langer werd de partituur noot voor noot in de vorm van gaatjes in de rol uitgeponst, maar werd een pianist uitgenodigd om de rol 'in te spelen'. Men moet zich hierbij voorstellen dat de pianist speelde op een 'opnamepiano', waarbij iedere aanslag direct werd aangetekend op een met constante snelheid draaiende papieren rol. Iedere toets heeft, bij wijze van spreken, aan het einde een grafietstiftje dat met de papierrol in contact komt als de betreffende toets wordt ingedrukt. Een korte aanslag betekent dus een kort streepje; naarmate de aangeslagen noot langer wordt vastgehouden zal dus ook het streepje langer worden. Tevens zal uiteraard iedere vergissing van de pianist genadeloos op de rol worden vastgelegd. Maar vooral – en dat is belangrijk – zal het op de rol vastgelegde metrische patroon exact overeenstemmen met het oorspronkelijke pianospel, tot in ieder nuance-detail toe. Een arpeggio, een lichte vertraging, een triller, een voorslag, een lichte ongelijkheid in de aanslag van accoorden, dit alles zal met grote precisie worden aangetekend op de rol. Hierbij komt nog een ander, bepaald niet minder belangrijk, aspect. De voortgeschreden techniek maakte het namelijk mogelijk om ook de kracht van elke aanslag, de dynamiek, vast te leggen in een bepaalde codering aan weerszijden van de muziekrol. De in essentie binaire codering van de dynamiek en de codering van het pedaalgebruik vormden essentiële componenten bij het opnemen van een reproductierol. De aantekeningen op de opnamerol werden vervolgens uitgeponst en via een pneumatisch afleessysteem kon de muziekrol de mechanische vingertjes bedienen die dan weer met dezelfde vaardigheid en kracht het 'live-spel' van

Engelse cilinderpiano, aandrijving door een gewicht. Waarschijnlijk gebouwd door John Longman te Londen, ± 1790.

de opgenomen pianist konden reproduceren. Vandaar de naam reproductiepiano. Weldra werd het mechanische systeem niet meer als een zelfstandig meubelstuk, dat men naar believen voor de gewone piano kon schuiven, gefabriceerd, maar werd het gehele systeem ingebouwd in de piano of vleugel zelf. De grote precisie en perfectie van de weergave bij dit systeem bracht firma's als Steinway, Bechstein, Blüthner, Pleyel, etc. ertoe om hun fraaie A-klasse instrumenten tevens te voorzien van het Welte-reproductiesysteem. Weldra volgden andere reproductiesystemen, waarvan Duo-Art en Ampico het meest bekend zijn.

Men zal zich wellicht afvragen of niet de grammofoon een veel eenvoudiger middel was om het spel van beroemde pianisten vast te leggen. De grammofoon had evenwel – vooral in de eerste decennia van de 20ste eeuw – vele grote nadelen waardoor pianisten dikwijls verkozen hun interpretaties vast te leggen op de reproductierol.

Ferrucio Busoni, volgens Arthur Rubinstein de grootste pianist uit het begin van deze eeuw, schrijft in 1919 in een brief aan zijn vrouw: '... De lijdensweg van het maken van een grammofoonopname kwam gisteren na 3½ uur spelen aan een einde. Ik voel me vandaag weer wat beter, het is nu achter de rug. Vanaf het eerste moment voelde ik me zo gedeprimeerd alsof ik een operatie moest ondergaan. Het maken van zo'n grammofoonopname is ronduit stupide. Hier is een voorbeeld van wat er gebeurt. Ze willen de Faust wals opnemen (die ruim tien minuten duurt), maar ik moest hem spelen in slechts vier minuten! Dat betekende stukjes weglaten, oplappen en improviseren, zodat er toch nog enige muzikale betekenis overbleef. Ik moest oppassen met het pedaalgebruik (omdat het slecht klinkt); ik moest goed letten op bepaalde noten die zachter of harder aangeslagen moesten worden om deze duivelse machine te behagen; je kunt jezelf niet laten gaan uit angst voor het begaan van technische missers, en tegelijkertijd is men zich ervan bewust dat iedere noot voor de eeuwigheid wordt vastgelegd. Hoe kan er zo ook maar enige sprake zijn van inspiratie, vrijheid, élan en poëzie? Gisteren moest ik voor de opname van negen stukjes die ieder vier minuten duurden 3½ uur spelen. Twee stukjes moest ik vier of vijf maal overspelen. Als men de ganse tijd zo intensief moet nadenken bij het spel is dit een bijzonder zware opgave. Tenslotte voelde ik het effect duidelijk in mijn armen; daarna moest ik poseren voor een fotografie en moest ik de grammofoonplaten signeren, toen was het eindelijk voorbij!'

Kort voordat Busoni op 56-jarige leeftijd in 1922 zijn laatste publieke concert gaf schreef hij in een brief aan zijn Engelse manager '... de condities voor de grammofoonopname zijn bijzonder ongunstig. De kamer, de piano en de pianokruk zijn niet uitnodigend. Ik moet beginnen als een racepaard en ik moet klaar zijn in vier minuten. Ik moet mijn aanslag en het pedaalgebruik anders hanteren

dan ik gewoonlijk doe. Wat kan er in 's hemelsnaam het resultaat van zijn? In ieder geval niet mijn eigen spel, neem dat van mij aan!'
Niet alleen Busoni, maar ook grote pianisten als Paderevski, Pachmann, d'Albert en Gershwin hebben hun pianospel vastgelegd op reproductierollen. Een belangrijke reden dat zij dit meestal gaarne deden was gelegen in het feit dat de rol, in tegenstelling tot de grammofoonplaat, geen strakke tijdslimiet kende en dat een enkel onfortuinlijk slippertje in een verder goed gespeelde opname door een eenvoudige wijziging van de betreffende perforatie in het papier ongedaan kon worden gemaakt. En tenslotte was het niet een grammofoon die met allerlei

Een detail van de Débain-piano met muziek op houten plankjes. Voor deze foto is de plank op zijn kop gelegd met de muziekstiften naar boven. Duidelijk zichtbaar is, direct vóór de plank, het 'klavier', de reeks metalen toetsen die door de muziekplanken bespeeld worden. Parijs, ± 1860.

Steinway
"Pianola Piano"
"Duo-Art"

Links: De Steinway Duo-Art reproductievleugel.

Detail van de Steinway-vleugel.

Rechts: Een reproductierol: Busoni speelt Liszt. Midden links de handtekening van Busoni onder de mededeling: This roll is a correct reproduction of my performance.

Detail van de Steinway-vleugel met de rol in startpositie.

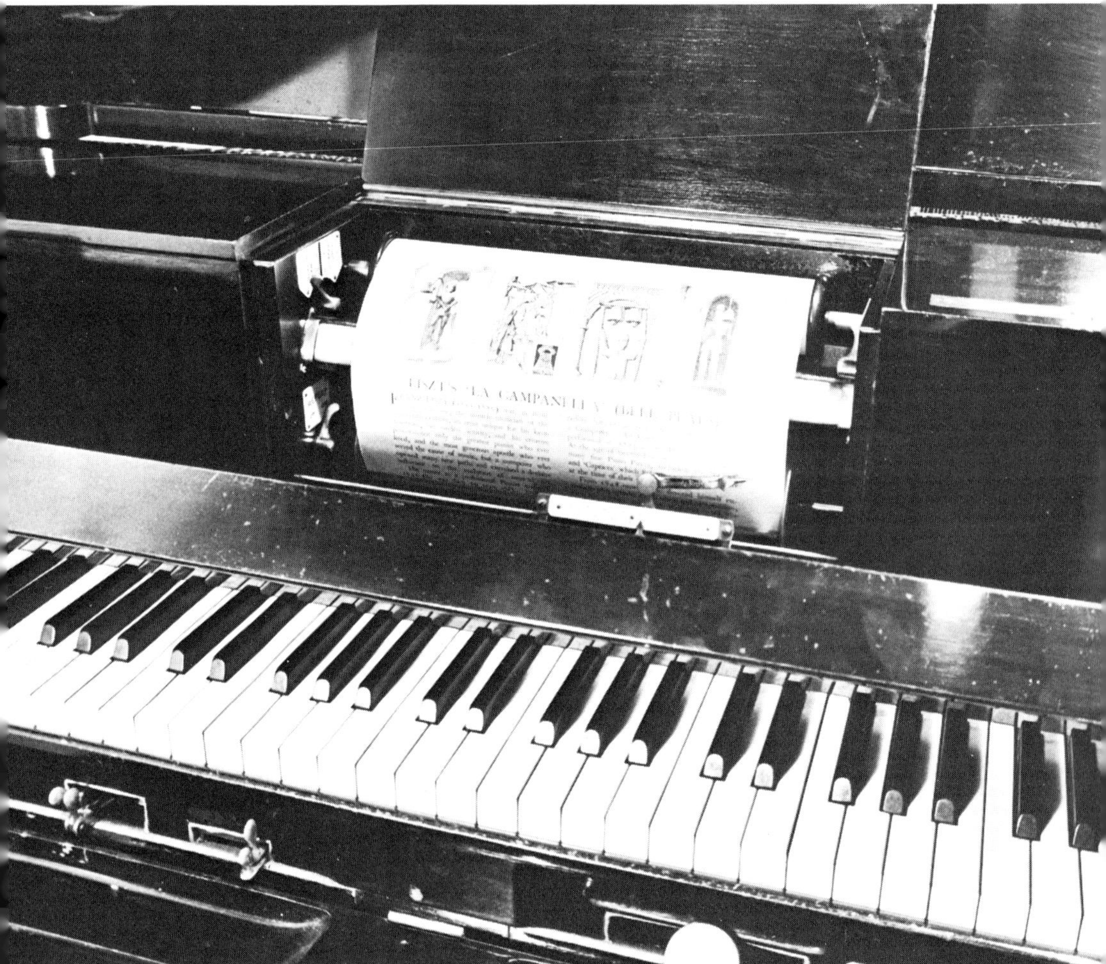

BRITISH COMMITTEE
This Roll has been approved by The Honorary Advisory Committee on the Educational Use of Player Piano Rolls
SIR ALEXANDER C. MACKENZIE, K.C.V.O., D.Mus., LL.D., D.C.L. (Chairman)
SIR HUGH P. ALLEN, C.V.O., M.A., D.Mus.
PROF. J. C. BRIDGE, M.A., D.Mus.
PROF. C. H. KITSON, M.A., D.Mus.
ROBIN H. LEGGE
J. B. McEWEN, M.A., D.Mus., F.R.A.M.
SIR LANDON RONALD, F.R.A.M., F.R.C.M., F.G.S.M.
SIR HENRY J. WOOD, D.Mus., F.R.A.M., F.R.C.M.
J. AIKMAN FORSYTH, Hon. Sec.
Supported by a General Committee consisting of the Professors and Lecturers in Music of the Universities of the United Kingdom
UNIVERSITIES & SCHOOLS
THE ROYAL ACADEMY OF MUSIC, LONDON
THE ROYAL COLLEGE OF MUSIC, LONDON
THE GUILDHALL SCHOOL OF MUSIC, LONDON
PARIS CONSERVATOIRE
EASTMAN SCHOOL OF MUSIC, N.Y.
OBERLIN CONSERVATORY OF MUSIC
ARMSTRONG COLLEGE, UNIV. DURHAM
COLUMBIA UNIVERSITY
CHICAGO UNIVERSITY
UNIVERSITY OF MICHIGAN
UNIVERSITY OF WASHINGTON
MASSACHUSETTS INST. OF TECHNOLOGY
GIRARD COLLEGE, PHILADELPHIA
HARROW SCHOOL
RUGBY SCHOOL
CHARTERHOUSE SCHOOL
MARLBOROUGH COLLEGE
OUNDLE SCHOOL
TENNYSON STREET (L.C.C.) SCHOOL
FRANZ LISZT
This roll is a correct reproduction of my performance
THE AEOLIAN CO. Ltd.
This roll has been specially compiled for this Series
THE WORLD'S MUSIC
A NEW AEOLIAN LIBRARY OF ILLUSTRATED & DESCRIPTIVE 'DUO-ART' & 'PIANOLA' ROLLS
Edited by PERCY A. SCHOLES
ANNOTATED SERIES
This Roll embodies a Listener's Introduction to the Music by
M. D. CALVOCORESSI
Author of 'Musical Criticism', 'Musical Taste and how to Form it', etc.
LISZT'S
LA CAMPANELLA (BELL PEALS)
PLAYED BY BUSONI
D-219
'DUO-ART'
'Pianola' Piano
BUSONI

LISZT'S 'LA CAMPANELLA' (BELL PEALS)

FRANZ LISZT (1811-1886) was, in more ways than one, the miracle-musician of the nineteenth century, an artist unique for his keen intuitions, his tireless activity, and his creative power—not only the greatest pianist who ever lived, and the most generous apostle who ever served the cause of music, but a composer who opened many new paths and exercised a decisive influence on the evolution of musical art.

His career as a professional Pianist ended in 1848 (he was then 39 years old). But long before that, he had begun to compel attention as a Composer. An Opera which he wrote was performed in 1825 at the Paris Grand Opera. At the age of twenty-five or so he had written many fine Piano Pieces, including the 'Etudes' and 'Caprices' which Schumann praised so highly at the time of their publication.

From 1848 onwards he devoted himself entirely to propaganda, organisation and composition; and his energy remained unabated until the day of his death.

The Pictorial Decorations of this Roll are as follows :—

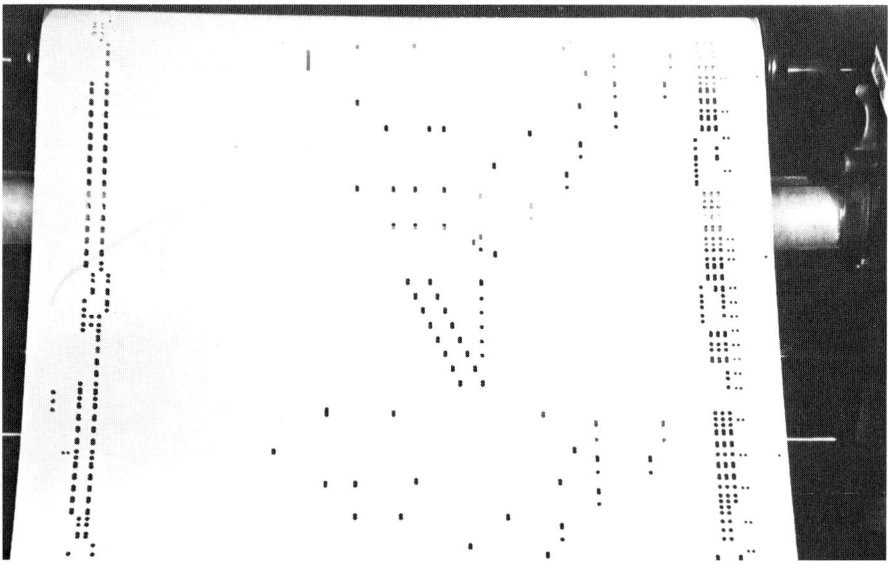

akoestische vertekeningen het werk terugspeelde maar de piano zelf werd opnieuw door de thans gemechaniseerde vingers bespeeld, waarbij vertekeningen in het geluid uiteraard uitgesloten waren.
Het zijn vooral de vele Steinway reproductievleugels geweest die in de eerste 30 jaren van de 20ste eeuw dit systeem een wereldnaam hebben gegeven. Begrijpelijk, want de componenten van het opnameresultaat: de uitvoerende kunstenaar, het muziekinstrument en het opname/weergavesysteem, zijn – in principe – van gelijke kwaliteit.
Na 1930 gaat het evenwel snel bergafwaarts met de fabricage van reproductiepiano's. Niet alleen de wereldwijde economische crisis maar ook de op zijn beurt volwassen wordende grammofoon is hier debet aan. In de dertiger jaren ziet men alom hoe de fabricage van kostbare, hoogwaardige produkten het veld moet ruimen ten gunste van goedkope massafabrikage en de reproductievleugel vormde hierop geen uitzondering. Thans zijn deze instrumenten zeer zeldaam geworden. Een enkele keer treft men een vleugel aan waar in later tijd het reproductiemechaniek is uitgesloopt. Als het mechaniek nog op z'n plaats zit is het netwerk van fijne rubber buisjes en minuscule blaasbalgjes vrijwel steeds ontregeld, verdroogd en gescheurd. Het vacuüm-systeem, waarop het geheel functioneerde, werkt niet meer en de muziekrollen zijn bovendien dikwijls weggegooid. Zo is er menigmaal slechts een onttakeld geheel overgebleven van wat eens de hoogste trap van ontwikkeling vormde van de automatisch spelende muziekinstrumenten: de Steinway reproductievleugel.

Linksboven: Nadere informatie aan het begin van de reproductierol.

Linksonder: Een gedeelte van de door Busoni ingespeelde rol van Liszt's 'Campanella'. Duidelijk herkenbare muzikale gatenpatroon in het midden, geflankeerd door de ponskaartachtige programmering van aanslagsterkte en pedaalgebruik.

SIG. HEIZMANN. VÖHRENBACH. BADEN.

Muziekcomputers in het café: de orchestrions

In het vorige hoofdstuk hebben we gezien hoe het wellicht meest populaire kamermuziekinstrument aller tijden, de piano, werd geautomatiseerd. De reproductievleugel vormde de top van deze ontwikkeling. De grote meerderheid van de automatische piano's waren evenwel de zogenaamde pianola's. Dit waren piano's, soms ook vleugels, waar men een geperforeerde muziekrol in kon stoppen om vervolgens deze rol af te kunnen spelen. De reproductievleugel had meestal zijn eigen ingebouwde elektrische motor om het vacuüm op te wekken, maar de gewone pianola moest met de voeten bediend worden. Door beurtelings op een tweetal vlak boven de expressiepedalen uitklapbare pneumatische pedalen te trappen kwam het gehele mechaniek in beweging en begon de rol te spelen. Met behulp van onder de toetsen aangebrachte hendeltjes kon men zelf de expressie en het pedaalgebruik van de afgespeelde muziek bepalen zodat men, al trappende en hendeltjes bedienende, althans de illusie kon hebben zelf mee te spelen. Het essentiële verschil tussen de reproductievleugel en de gewone pianola is dus gelegen in het feit dat de dynamiek en het pedaalgebruik in het eerste geval wèl en in het tweede geval niet in de rol zijn vastgelegd. Men kan dan ook bij de pianola eigenhandig het tempo, de dynamiek en het pedaalgebruik zodanig beïnvloeden, dat men slechts een ellendig karikatuur hoort van het oorspronkelijke muziekstuk.

Technisch stond ook de pianola voor niets: het was een klein kunstje om een razendsnel gespeeld stuk nog eens twee maal zo snel af te spelen. De pianola wordt dan ook dikwijls geassocieerd met a-muzikale mensen. Zelfs historische grappen spreken in dit opzicht boekdelen. Een beroemd pianist zei eens van Liszt: '... Hij is technisch enorm knap, hij kan tien maal sneller spelen dan een pianola. Maar daar staat tegenover dat een pianola tien maal muzikaler speelt dan Liszt!' Deze pianola, maar dan voorzien van een elektromotor, vormde een ideale basis voor de verdere ontwikkeling van een boeiende categorie automatisch spelende muziekinstrumenten: de orchestrions.

Men moet zich hierbij voorstellen hoe de pianola via een muntinworp tot spelen gebracht kan worden; dit commerciële aspect is uiteraard belangrijk voor openba-

Een Schwarzwalder cilinder-orchestrion, gebouwd door Heizmann te Vöhrenbach rond 1880.

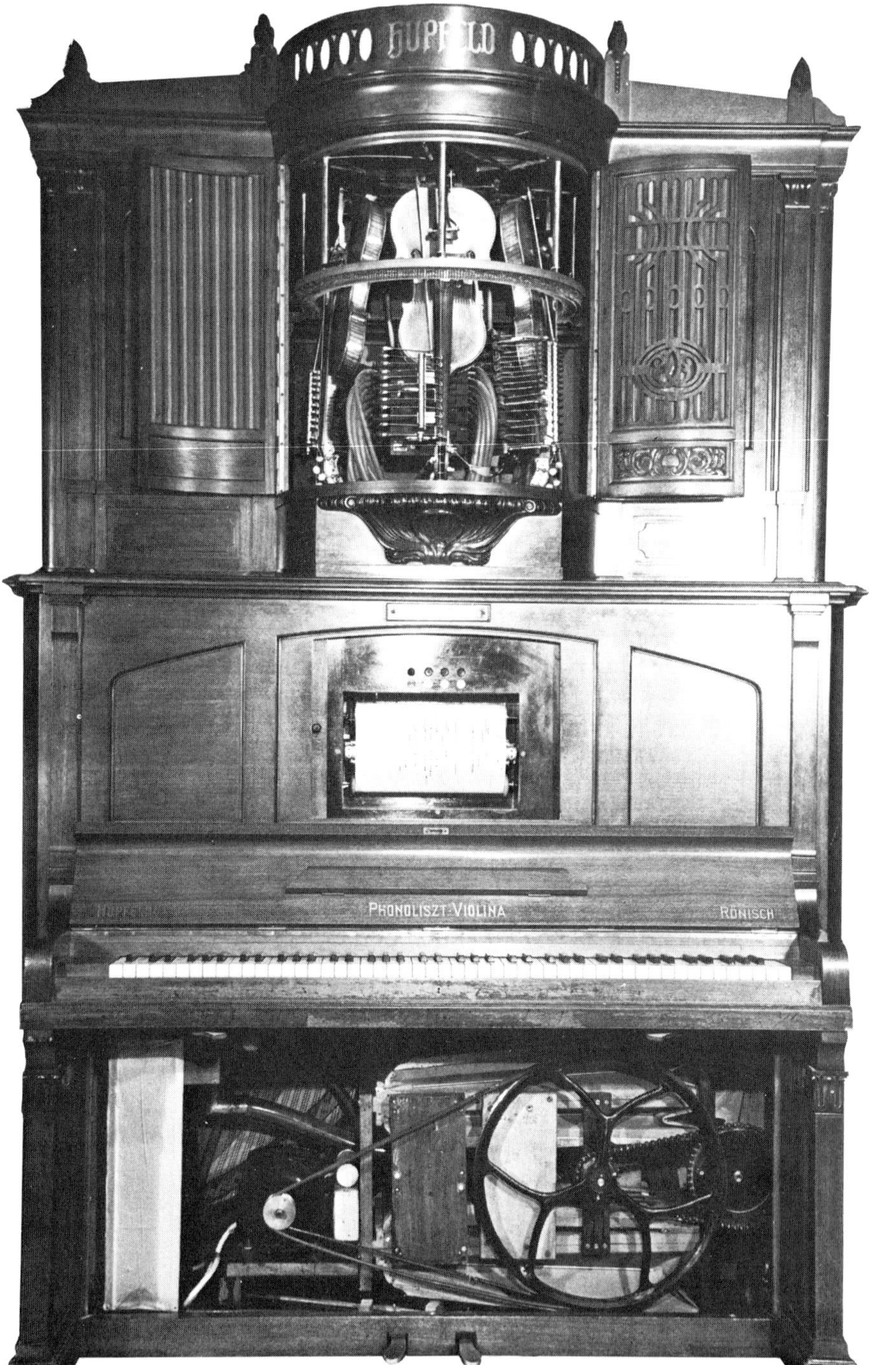
HUPFELD
PHONOLISZT-VIOLINA
RÖNISCH

Detail van de Violina: de roterende strijkring bespeelt drie echte violen. Duidelijk zichtbaar zijn de strijkring en de vingertjes; boven op de violen de vibrato-hendels.

Links: De Hupfeld Phonoliszt Violina met geopende deurtjes en onderkast.

re gelegenheden zoals café's, wachtkamers, danslokalen e.d. Vervolgens wordt de piano uitgebreid met bijvoorbeeld een xylophoon, een reeks pijpen, een grote en kleine trom, een triangel en kleppers, etc. We zien het meubel dan ook steeds imposantere vormen aannemen. Kleinere orchestrions hebben een vorm die dikwijls duidelijk aan een piano doet denken, alleen is de opbouw wat hoger en bevat bijvoorbeeld een glazen paneel waardoor men een reeks hamertjes op een xylophoon kan zien spelen. Een bepaalde in de muziekrol geperforeerde melodie kan dan zowel op de pianosnaren als op de xylophoon weerklinken; de keuze hiervan – de zogenaamde registratie – is ook weer vastgelegd in de muziekrol. De toevoeging van een reeks pijpen maakt het instrument nog aanzienlijk groter, want niet alleen zullen de pijpen in het meubel moeten worden ondergebracht, maar er zal ook weer ruimte gevonden moeten worden voor de windvoorziening van de pijpen. Door er ook nog een sectie slagwerk in of op te monteren kan men met recht spreken van een geautomatiseerd orkestje. De bediening van het slagwerk geschiedt uiteraard ook via de geperforeerde muziekrol. Een slag op de grote trom wordt veroorzaakt door een bepaalde baan in de muziekrol speciaal daarvoor te reserveren. Een gaatje in die baan betekent dan een pneumatisch commando naar de balg waarop de trommelstok is gemonteerd.

De toenemende vraag naar orchestrions in de eerste dertig jaren van de 20ste eeuw heeft geleid tot een zeer gevarieerde produktie van vele merken en typen in alle denkbare maten en kwaliteiten. De grote inventiviteit, hoogwaardige materialen en technisch vernuft die zijn geïnvesteerd in de automatische vioolspeler van Hupfeld dwingen nog steeds onze bewondering af. Toen de eerste Phonoliszt Violina van de Leipziger firma Hupfeld in 1910 op de Wereldtentoonstelling te Brussel zijn klanken liet horen stond men werkelijk versteld. Naast de piano bediende de papieren muziekrol ook nog het spel van drie echte violen, compleet met vingerzetting, strijkstokbehandeling en vibrato. In de luxueuze restaurants kon men een indrukwekkend orchestrion als de Philipps Paganini aantreffen; een vier meter hoog meubel waarvan de pianola slechts een klein onderdeel uitmaakt. Naast de pianola herbergt de Paganini een dubbel harmonium, klokkenspel, fluiten en klarinetten, strijkend-geïntoneerde pijpen, bassen, een kleine en een grote trom, tambourijn, bekken, triangel en kleppers.

Deze grote orchestrions waren zeer kostbaar en ook hier ziet men hoe in de jaren dertig de ene orchestrionfirma na de andere failliet gaat en hoe de markt wordt overgenomen door de grammofoon.

In het volkscafé trof men dikwijls de zogenaamde 'tingel-tangels' aan. De tingeltangel is eigenlijk de orchestrionvorm van de cilinderpiano die in de vorige eeuw dikwijls op straat te horen was. De café-versie van de cilinderpiano heeft meestal een mechaniek met veer- of gewichtaandrijving dat regelmatig opgewonden moet worden. Door middel van muntinworp kan men een muziekstuk te horen krijgen;

Het Philipps Paganini orchestrion, vervaardigd door de firma Philipps te Frankfurt am Main, ± 1920.

PHILIPPS PAGANINI

Links: Een blik in het interieur van het Philipps Paganini orchestrion. In de onderste helft de aandrijving, de windvoorziening, het revolver met 10 muziekrollen, de metallophoon en de piano. Bovenin het pijpwerk en het slagwerk. Op het dak een dubbel harmonium.

Detail van het Philipps Paganiniorchestrion: het automatisch ronddraaiende revolver met 10 (verwisselbare) muziekrollen.

De tingel-tangel. De met spiegels en kralen versierde kast herbergt een door een veermechaniek aangedreven cilinderpiano. Vervaardigd door Pierre van Roy te Aalst rond 1930.

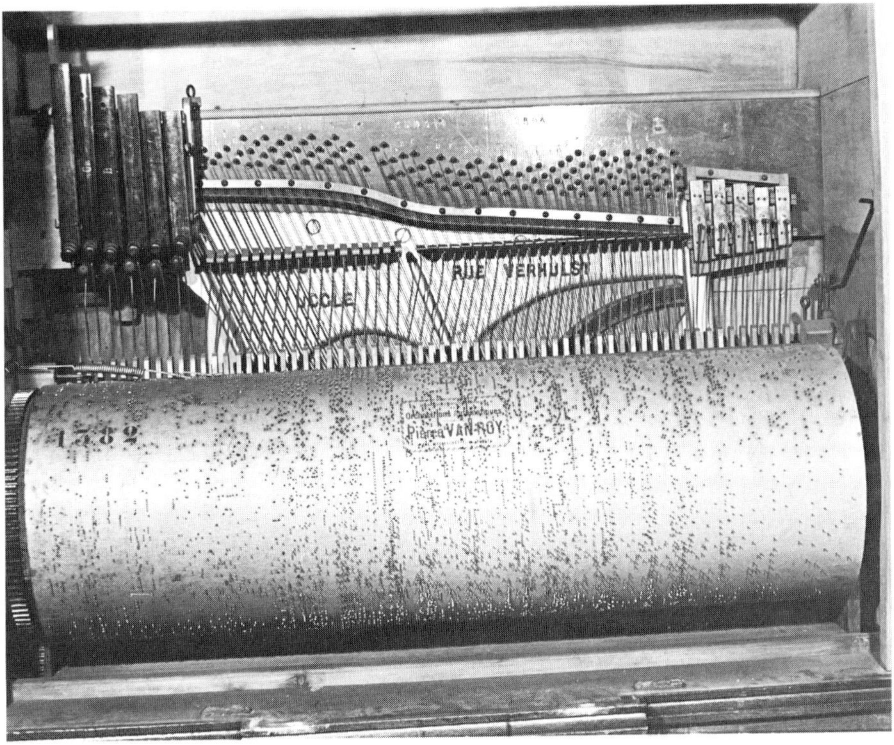

Twee liedjes voor één cent: door middel van de muntinworp draait de muziekcilinder tweemaal rond. Keuze uit tien liedjes.

de keuze van het muziekstuk kan men bepalen door de cilinder middels een hendeltje met cijfers te verschuiven. De – meestal tien – cijfers corresponderen met tien titels die op een bij het orchestrion hangend lijstje zijn vermeld. Men kan bij al deze orchestrions in dit opzicht het woord 'jukebox' hanteren.
De grote gevarieerdheid van de diverse typen maar ook de rijke schakering van binnen één meubel samengebrachte muziekinstrumenten is bepalend geweest voor het commerciële en sociale succes ervan.
Het is dan ook niet verwonderlijk dat in de huidige tijd een orchestrion dikwijls de trots en het middelpunt vormt van een collectie automatisch spelende muziekinstrumenten.

Het orgel voor de sultan. Speelklok met draaiorgel en automaten, vervaardigd in opdracht van Elisabeth I van Engeland voor Sultan Mohammed III van Turkije in 1598.

De grote kermis- en dansorgels

De geschiedenis van het draaiorgel als automatisch spelend pronkstuk gaat meer dan duizend jaar terug. In het Bagdad van de 9de eeuw beschreven de gebroeders Musa in détail hoe een mechanisme met een muziekcilinder automatisch orgelmuziek ten gehore kon brengen. 'De vervaardiging van een instrument met fluitspeler, door Apollonios, de timmerman en meetkundige', aldus luidt de titel van het betreffende in het Arabisch gestelde schrift, dat evenwel ouder blijkt te zijn dan de Arabische cultuur waarin zovele wetenschappen zouden bloeien. Wat tot ons is gekomen zal derhalve een vertaling zijn van een oorspronkelijk in het Grieks gestelde tekst. Het gaat hier om een automatisch spelend waterorgel, waarvan een gedeelte van het mechaniek is ondergebracht in een androïde. Een androïde is een mechanisch bewegende nabootsing van de mens; tegenwoordig zou men het woord 'robot' gebruiken. De waterkracht dient bij het orgel van de gebroeders Musa zowel voor het in beweging zetten van het mechaniek als voor de luchtvoorziening. Het stiftenpatroon op de muziekcilinder zorgt ervoor dat de androïde met zijn vingers de juiste gaten van de door hem te bespelen fluit open of dicht houdt.

Enige eeuwen later, om precies te zijn in 1206, zou de Arabier Al-Jazari er volledig mee op de hoogte zijn. In de van hem bewaarde geschriften geeft hij een aantal varianten van het Musa-orgel en tevens beschrijft hij een reusachtig wateruurwerk met automaten. Vijf androïden maken op het zesde, negende, en twaalfde uur muziek, waarbij er twee op trompetten spelen, twee andere slaan op trommels en de vijfde bedient een pauk. Ook hier kan men dus een gedeelte van het wateruurwerk als draaiorgel aanmerken.

In 1598 liet Koningin Elisabeth van Engeland een groot draaiorgel met automaten bouwen als geschenk aan sultan Mohammed III van Turkije. Van de bouwer, Thomas Dallam, is een uitvoerig dagboek bewaard gebleven waarin de hele gang van zaken rond de aanbieding van dit draaiorgel aan de sultan beschreven wordt. Het orgel werd bekroond door een bewegende afbeelding van Koningin Elisabeth, geflankeerd door acht bewegende figuren. Het wapenschild boven de Koningin werd geflankeerd door twee automatisch spelende trompetters. Het orgel kon automatisch spelen door middel van een muziekcilinder, maar kon ook met de hand worden bespeeld. Onder de orgelpijpen was daarvoor een toetsenbord aangebracht. Er was tevens een uurwerk in het orgel aangebracht dat ervoor zorgde dat de muziek om de zes uur automatisch begon te spelen. Dit indrukwekkende instrument kan men eigenlijk beschouwen als een relatiecadeau van vorst aan vorst. Elisabeth had er alle belang bij om goede vrienden met de sultan te zijn en te blijven: de bloeiende Levant-compagnie zorgde voor directe handelsbetrekkingen tussen Engeland en het Nabije Oosten en tevens moest zij zich op niveau trachten in te dekken tegen haar vele Rooms-Katholieke vijanden. Hoewel dit draaiorgel een cadeau was van de Koningin werd de bouw ervan (totaal £ 550) door de Levant-compagnie betaald. Uit Dallam's dagboek blijkt voorts, dat de sultan het orgel op een fraaie plaats in zijn paleis liet opstellen en er bijzonder mee was ingenomen. Het orgel voor de sultan had een grote, door een gewicht aangedreven muziekcilinder met vier reeksen orgelpijpen en bovendien een tremulant, een trommel en een nachtegaal. Op de muziekcilinder waren vier liedzettingen genoteerd die op de orgelpijpen klonken en tevens was er een afzonderlijke muziekcilinder in de voet van het instrument met een bellenspeelwerk. Wat er van dit draaiorgel is geworden is helaas onbekend.

In het begin van diezelfde eeuw – waarschijnlijk in 1502 – liet aartsbisschop Leonhard von Keutschach het zogenoemde Hornwerk op de muur van het kasteel de Hohen Salzburg aanbrengen. Dit Hornwerk was eigenlijk een groot draaiorgel met muziekcilinder en 350 pijpen, die hun wind kregen van een aantal reusachtige schepbalgen. Dagelijks werd bij het aanbreken van de ochtend het orgel gedraaid door een van de wachten van het kasteel. Eerst klonk dan het F A C-accoord op 150 pijpen. Dit was de zogenaamde 'orgelschrei', een geluid dat ver over het stadje Salzburg klonk en als een soort reusachtige wekker functioneerde. Het orgel kreeg dan ook weldra de bijnaam 'Salzburger Stier', vanwege het gebrul dat het instrument iedere ochtend uitstootte. Na de orgelschrei klonk vervolgens op de overige 200 pijpen die drie octaven omvatten, een muziekstuk. Van 1502 tot 1753 had de muziekcilinder slechts één melodie, een koraal uit de laat-gotische periode van de componist Ebler. In 1753 kreeg Leopold Mozart, de vader van Wolfgang Amadeus, de opdracht om nieuwe muziekstukken op de cilinder van het Hornwerk te zetten. Dit waren twaalf menuetten – één voor iedere maand – totdat in 1893 de cilinder opnieuw werd gerestaureerd en het aantal melodieën tot negen werd teruggebracht. Tot op de huidige dag klinkt de muziek van de Salzburger Stier nog dagelijks over de stad Salzburg.

In het bovenstaande is een aantal historische voorbeelden gegeven van automatisch spelende orgels die voor een groot publiek, in een zaal of in de openlucht muziek maakten. De zaalorgels vertonen dikwijls veel overeenkomst met de elders besproken orchestrions. De zaalorgels – dit is overigens een officiële

Stromend water zorgt voor aandrijving en de luchtvoorziening van dit waterorgel met automaten. Duidelijk herkenbaar is de muzieknotatie voor de koekkoek, de haan en de god Pan met zijn pansfluit. (Kopergravure naar A. Kircher, 17de eeuw)

benaming – worden ook wel dansorgels genoemd. Het is vooral België geweest dat op dit gebied zijn sporen heeft verdiend. Maar met de Belgische dansorgels zijn we eigenlijk al in de 20ste eeuw beland en zouden we de ook in dit opzicht zeer belangrijke 19de eeuw dreigen over te slaan.

Wat in de Renaissance en Barok nog gold als geschenk van vorst aan vorst en voornamelijk te vinden was in paleizen, kastelen en fraaie buitens, werd in de Weens-klassieke periode, maar vooral in de 19de eeuw steeds meer gemeengoed. In Oostenrijk, Duitsland, Frankrijk en Engeland werden in de jaren 1800 – 1850 steeds grotere, imposantere en technisch perfectere cilinderorgels gebouwd, die op allerlei tentoonstellingen, kermissen en dergelijke met veel tam-tam aan den volke werden getoond. Pijpwerk, trompetten en allerlei slagwerk werden bespeeld via reusachtige houten muziekcilinders van zo'n één tot twee meter lengte, die bezaaid waren met vele en veelsoortige stiftjes, bruggetjes en geribbelde of glooiende kammen. Prachtige namen hadden die instrumenten: het Panharmonikon van Mälzel (1813), het Chordaulodion van Kaufmann (1815), het Symphonion van Kaufmann Jr. (1838), het Componium van Winkel (1821). Deze grote cilinder-draaiorgels functioneerden meestal door middel van een door gewichten aangedreven raderwerk. Voor het Panharmonikon schreef niemand minder dan Beethoven een muziekstuk, getiteld 'de overwinning van Wellington of de slag bij Victoria'; het Chordaulodion had reeds een technische constructie waardoor de winddruk via de cilinder kon worden gewijzigd zonder dat dit de stemming van de pijpen aantastte; het Symphonion concerteerde zelfs voor tsaar Nicolaas van Rusland; en het Componium van de Amsterdamse instrumentenmaker D. N. Winkel was door een uiterst ingenieus mechaniek en dubbele muziekcilinders in staat om jaren achtereen een bepaald thema te variëren zonder ooit in herhaling te vervallen.

In 1806 vestigde Ignaz Bruder in Simonswald in het Duitse Zwarte Woud de eerste echte draaiorgelfabriek. De Bruderdynastie zou vanuit het Schwarzwald trouwens tot in de jaren dertig van de 20ste eeuw Europa overspoelen met een veelheid van kleine, grotere en regelrecht pompeuze draaiorgels die vooral in de openlucht en op de kermis van zich deden horen.

Ook in Frankrijk werden in de 19de eeuw steeds meer en grotere draaiorgels voor de openlucht geproduceerd. Als men kijkt in de catalogi van de Duitse en Franse draaiorgelfabrieken van zo'n 100 jaar geleden ziet men telkens weer hoe de

Jacquard programmeerde dit 'zelfportret' in een perforatie-code die vervolgens automatisch dit gobelin kon weven. Gavioli combineerde Jacquard's vinding met het draaiorgel in 1892.

A LA MÉMOIRE DE J. M. JACQUARD.

Né à Lyon le 7 Juillet 1752 Mort le 7 Aout 1834

betreffende instrumenten worden aangeprezen 'ter vervanging van een orkest van 20 personen', 'ter vervanging van een fanfare van 50 man', 'kan in geluidssterkte wedijveren met een orkest van 80 man' enz.
Gedurende de gehele 19de eeuw was – evenals in de eraan voorafgaande eeuwen – de drager van het muziekpatroon steeds de muziekrol waarop het programma in de vorm van stiften en bruggetjes was aangebracht. Na één omwenteling van de muziekcilinder was de melodie ten einde en kon de rol zijdelings verschoven worden om een nieuwe melodie te laten horen. De muziekcilinders konden dikwijls zes, acht of zelfs twaalf maal verschoven worden. Om lange melodieën, zoals ouvertures en opera's, op de muziekcilinder te noteren werd gebruik gemaakt van de zogenaamde spiraalnotatie, waarbij de cilinder tijdens het draaien langzaam zijdelings verschoof; men denke hierbij aan de beweging van een schroef of kurketrekker. Zo'n cilinder met spiraalnotatie had dan uiteraard slechts één melodie, maar deze klonk gedurende de volle acht of twaalf omwentelingen en men bereikte daarmee soms een speelduur van 15 tot 30 minuten.

In het einde van diezelfde eeuw – om precies te zijn in 1892 – patenteerde de uit Italië afkomstige Parijzenaar Anselmo Gavioli het draaiorgel met boeksysteem. Deze uitvinding betekende een belangrijke omwenteling in de wereld van de draaiorgelbouw. In plaats van grote, kostbare, ruimteverslindende, zware en bovendien uitermate kwetsbare muziekcilinders wordt nu de muziek geprogrammeerd in een zig-zag opgevouwen kartonnen orgelboek. De lengte van zo'n orgelboek is uiteraard schier onbeperkt, de kosten van materiaal en fabricage bedragen slechts een fractie van die van een muziekcilinder en tenslotte vallen gewicht, ruimtebeslag en copieermogelijkheden eveneens duidelijk uit in het voordeel van het orgelboek. Het idee van een zig-zag opgevouwen programma was overigens niet nieuw. Reeds in de eerste helft van de 19de eeuw had Jacquard een soortgelijk systeem ontwikkeld voor de programmering van het weefgetouw. Gavioli deed dus in feite niets anders dan twee ogenschijnlijk ongerelateerde, maar reeds lang bestaande uitvindingen aan elkaar knopen, en zo vormden het zig-zag programma van Jacquard enerzijds en het nog veel oudere draaiorgel anderzijds de ingrediënten die rond de laatste eeuwwisseling zouden leiden tot een ware revolutie in de draaiorgelbouw.

Een kleine cilinder-straatpiano zoals er in de 19de eeuw vele duizenden zijn gebouwd. Op de verschuifbare muziekrol zeven melodieën.

Volgende pagina: Het Nijmeegse stadsorgel 'De Korsikaan'. Een recente (1974) schepping van de bekende Waldkircher draaiorgelbouwer Carl Frei.

Carl

Fre
kaan

Het is interessant om hier te bedenken dat de genialiteit van Gavioli als uitvinder – hij had nog aanmerkelijk meer belangwekkende patenten op zijn naam staan – dus niet zozeer erin school dat hij nieuwe dingen bedacht, maar dat hij bestaande zaken combineerde. We mogen hier best even chauvinistisch worden en een Nederlandse parallel vermelden die in de 17de eeuw een nog aanmerkelijk grotere revolutie teweeg bracht: de uitvinding van het slingeruurwerk door onze landgenoot Christiaan Huygens in 1656. Huygens vond de slinger niet uit – dat had Galilei al vóór hem gedaan – en hij vond het (rader)uurwerk niet uit – dat was al gebeurd in de 13de eeuw of wellicht nog vroeger. Maar Galilei was nooit op het idee gekomen om aan zijn radermechaniek met slinger een wijzer te maken en vier eeuwen uurwerkmakerskunst hadden geen raderwerk met slinger opgeleverd. Ziedaar het geniale van Christiaan Huygens, ziedaar ook weer het geniale van Gavioli.

De ongekende mogelijkheden die het draaiorgel in combinatie met het boeksysteem bood leidden ertoe dat rond 1900 de draaiorgelindustrie zich aanmerkelijk duidelijker dan voorheen richtte op drie verschillende terreinen: de straat, de kermis en de danszaal.
Op de ontwikkeling van het straatorgel in de 20ste eeuw zullen wij in het volgende hoofdstuk nader ingaan. De ontwikkeling van de draaiorgels met boeksysteem op de kermis en in de danszaal dient hier evenwel aan de orde te komen.

Op de kermis

Vele boeken zijn volgeschreven over het volksvermaak bij uitstek in het verleden: de kermis. De kerkelijke oorsprong van dit feest ging in de loop der jaren allengs verloren en in de 19de eeuw groeide de kermis uit tot een happening die in vele steden en dorpen dikwijls het hoogtepunt van het jaar vormde. De stormachtige ontwikkelingen in de natuurkunde leidden ertoe dat vele spectaculaire vondsten op dit gebied op de kermis aan den volke getoond werden; men denke hier bijvoorbeeld aan het bekende gedicht van de boerinnen die naar de kermis gingen om het 'gaslicht-microscoop' te zien. Niet alle boerinnen blijken overigens onder de indruk te zijn van de wonderen van deze nieuwe vinding. Eén van hen verzucht, bij het aanschouwen van een luis als een olifant; 'als ik mijn vetgemeste varken eens onder het microscoop zou kunnen leggen, hoe groot zou dàt niet lijken!'
Ook de handel floreerde in allerlei vormen op de kermis. Men kon er de meest wonderlijke middelen krijgen ter bestrijding van alle denkbare kwalen. Men kon op de kermis genieten of griezelen van allerlei fysieke afwijkingen: de grootste,

de kleinste, de dikste, de dunste persoon ter wereld. De vrouw met zes borsten. De dame met een baard of zonder onderlijf.
En... men kon er drinken en dansen.
Bij dat alles was muziek nodig. Felle, luid klinkende, gemakkelijk in het gehoor liggende muziek. Muziek om de mensen naar de attracties toe te lokken, muziek om de smartlappen te illustreren, muziek om bij te dansen. In de 19de eeuw werd deze muziek meestal verzorgd door kleine automatisch spelende instrumentjes met een muziekcilinder. Dit konden buikorgeltjes zijn met pijpen of (goedkoper) met doorslaande tongen zoals in de mondharmonica; het konden ook snaarinstrumenten zijn, draaipianootjes dus.
De snelle technische ontwikkelingen in de draaiorgelbouw in het begin van de 20ste eeuw liepen enigszins parallel met de ontwikkelingen van de mechanische kermisattracties. Steeds grotere, ingenieuzere en technisch perfectere kermisattracties overtroefden elkaar van jaar tot jaar op de grote jaarmarkten. Draai- en zweefmolens, acht-banen, reuzeraderen en bovenal het stoomcaroussel groeiden uit tot ware klatergoud-paleizen van barokke pracht. Zoals gezegd hield de ontwikkeling van het draaiorgel hiermee gelijke tred. Steeds grotere, imposantere en muzikaal volwaardiger instrumenten vormden het centrum van deze attracties. Er werden kermisorgels geproduceerd met 50 toetsen, met 65 toetsen, met 90 toetsen, en zelfs met 120 toetsen. De ene draaiorgelbouwer probeerde de ander te overtreffen met barokke, dikwijls met bladgoud belegde show-fronten vóór het eigenlijke draaiorgel, maar ook wedijverde men in het bouwen van nieuwe, klankrijke registers en het aanbrengen van technische perfecties waardoor het draaiorgel een steeds volmaakter nabootsing van een groot orkest of fanfare zou kunnen leveren. De prachtige Gavioli-orgels uit Parijs en Waldkirch waren bekend om hun schoonheid van toon en vormgeving. De Duitse draaiorgelfabrieken van Bruder, Ruth, Richter, Wellershaus, Wrede, stapten in de eerste jaren van de 20ste eeuw – in het voetspoor van Gavioli – eveneens over op het nieuwe boeksysteem en produceerden een scala van instrumenten met steeds meer muziektechnische mogelijkheden.
In het Nationaal Museum van Speelklok tot Pierement te Utrecht zijn enige topstukken op dit gebied bewaard gebleven. Het kermis-concertorgel de Schuyt, voorheen ook wel de 110-toets Mortier genoemd, is een chef-d'oeuvre van de beroemde Bredase draaiorgelbouwer Carl Frei en werd door hem geleverd aan de kermisexploitanten de gebroeders Hommerson in 1931. Het repertoire van dit kermisorgel is voor een belangrijk gedeelte bewaard gebleven en bestaat voor een groot gedeelte uit composities en arrangementen van Carl Frei zelf.
De Dubbele Ruth, eveneens in de museumcollectie, vormt een hoogtepunt in de reeks van kermisorgels die de firma A. Ruth & Sohn kort na de Eerste Wereldoorlog in Waldkirch produceerde. De tonenreeks van de registers op zang en

Het kermis-concertorgel 'De Dubbele Ruth'. De muziek van dit draaiorgel behoort tot het indrukwekkendste dat ooit op de kermis te horen is geweest. Een pijnlijk manco is het ontbrekende front.

Rechtsboven: Een blik in het pijpwerk van de Dubbele Ruth.

Rechtsonder: Krukas en pompstukken van de Dubbele Ruth. Het wiel gaat gedeeltelijk schuil achter de grote trom.

tegenzang omvat, samen met de accompagnementen en de bassen 5½ chromatische octaven. Een van de uitgangspunten bij de bouw van dit grootste type Ruthorgel was dan ook om er het Wagner-oeuvre zonder enige muzikale verminking op te kunnen laten klinken: voorwaar geen geringe opgave!

De glorietijd van de grote draaiorgels op de kermissen lag tussen de beide wereldoorlogen. Na de Tweede Wereldoorlog ging het snel bergafwaarts. Carl Frei, de ongekroonde keizer van het draaiorgel, werd Nederland uitgezet – de uit het Duitse Waldkirch afkomstige Bredase orgelbouwer had zich nooit laten naturaliseren – en de verbanning van deze oude man vormde wel een heel triest voorbeeld van de goeden die met de kwaden moeten lijden. De klad was erin gekomen. Nieuwe technieken staken het hoofd op en in de jaren vijftig verdwijnen in ras tempo de klinkende pronkstukken die eens de trots van menige kermisattractie hadden uitgemaakt. Zo kon het gebeuren dat de hierboven genoemde kermisorgels de Schuyt en de Dubbele Ruth in één koop voor een relatief luttel bedrag konden worden aangekocht en hun vergeten plekje in de opslag rond 1960 konden inruilen tegen een wat passender museum-entourage.

In de danszaal

Evenals bij de kermisorgels het geval was, beleefden ook de dansorgels in de periode 1920-1940 hun grote bloeiperiode. Kan men bij de Gavioli-orgels nog niet echt van dansorgels spreken, bij Mortier was dit beslist wel het geval.
De Antwerpse caféhouder Theofiel Mortier begon in het begin van de 20ste eeuw met het importeren van Gavioli-draaiorgels, die hij vervolgens opstelde in zijn eigen bedrijf. Hij begon ze door te verkopen en weldra nam hij ook het onderhoud en de restauratie van via hem geleverde Gavioli-orgels ter hand. Tenslotte besloot hij om zelf draaiorgels te gaan bouwen en vele Mortier-orgels vonden hun weg naar de danszaal. De in vergelijking met de Gavioli-orgels wat lui en gezapig klinkende dansorgels van Mortier voldeden evenwel uitstekend als vervangers van het dansorkest en menige café-, feest- of danszaal in België – trouwens ook in onze eigen zuidelijke provincies – beschikte over een Mortier-orgel als pièce de milieu.
De dansorgels hadden dikwijls fronten van waarlijk formidabele afmetingen. Een breedte van acht meter en een hoogte van vijf meter waren bepaald geen uitzondering.
Een opmerkelijk verschil met de kermisorgels was gelegen in het muziekrepertoire. Het boekenbestand van een kermisorgel bestond voornamelijk uit lange muziekstukken zoals ouvertures, operetten, concertwalzen e.d. Tophits en evergreens wisselden elkaar af in ook alweer lange potpourri-orgelboeken. Begrijpe-

lijk, want de muziek van het kermisorgel diende weliswaar ter opluistering van de attractie, maar men betaalde in de eerste plaats voor de attractie zelf, niet voor de muziek. Korte muziekboeken die men om de haverklap zou moeten verwisselen zouden alleen al personeel-technisch bepaald onhandig en derhalve ongewenst zijn.
Bij de dansorgels lag dit evenwel anders. De danslustigen betaalden speciaal voor de te spelen muziek: een foxtrot, wals, tango, charleston, samba of rumba. Hier dus geen lange ouvertures, maar kisten vol met relatief korte orgelboeken van ongeveer drie minuten speelduur met louter dansmuziek: men betaalde immers per orgelboek!
Ook voor de dansorgels betekenden de Tweede Wereldoorlog en de erop volgende ontwikkelingen van de geluidsreproduktie via plaat en band een dikwijls roemloos einde. Zo kon het gebeuren dat het grote Mortier-dansorgel in de museumcollectie in Utrecht rond 1960 voor ongeveer het toen geldende modale maandsalaris kon worden aangekocht.

Inmiddels is ook hier sprake van een duidelijke herwaardering. Misschien hebben de zestiger en zeventiger jaren van deze eeuw ons al te zeer overspoeld met de zegeningen van de electronica en zijn wij afgestompt – dit woord lijkt hier geenszins overdreven – door de steriliteit en de decibellen van de loudspeakers. Een feit is, dat de kermis- en dansorgels uit het verleden een eigen gezicht, karakter en bekoring hebben, die de weinige thans nog overgebleven exemplaren in het licht van het bovenstaande een klinkende toekomst voorspellen.

NOMS DES AIRS
CONTENUS AU PRÉSENT INSTRUMENT
Entre Paris et Lyon
La belle hélène
Polka
Valse

Muziek op straat: van buikorgel tot Arabier

Reeds in de 18de eeuw, en wellicht nog vroeger, komt het automatisch spelende muziekinstrument op straat. De oudste straatvorm zal ongetwijfeld die van het 'organo portatile' zijn geweest. Dikwijls wordt in dit verband gedacht aan de draailier. Deze gedachte is evenwel in zoverre onjuist dat de draailier niet behoort tot de categorie automatisch spelende muziekinstrumenten. Door te draaien aan de slinger brengt men weliswaar de snaren in trilling, maar men moet zelf de toetsen indrukken die de toonhoogte van de betreffende snaar bepalen. De draailier is dus, zo mechanisch en automatisch als hij er misschien uitziet, een gewoon muziekinstrument zoals er zovele vanaf en zelfs van ver voor de middeleeuwen in de openlucht hebben geklonken.

Het organo portatile is eigenlijk een klein cilinderorgel. Op de houten muziekrol is de muziek in de vorm van stiften (korte noten) en langere of kortere bruggetjes (langere of kortere noten) vastgelegd. Door te draaien aan de slinger doet men twee dingen: Men pompt lucht voor de pijpen en men draait het muziekpatroon onder de toetsen door. De toetsen worden als het ware 'bespeeld' door de langere en kortere commando's op de rol, en het verschuiven van de rol betekent dan telkens weer een nieuw deuntje. Met (meestal) acht verschuivingen heeft men dus acht verschillende muziekstukjes per rol. Door de rol via een zijluikje uit het orgel te schuiven kan men er vervolgens een andere rol instoppen en zo kan men een uitgebreide 'cilindrotheek' aanleggen. Een kostbare en ruimteverslindende bezigheid overigens, want de muziekrol van een gemiddeld straatorgel van zo'n eeuw geleden had dikwijls een diameter van 30 tot 40 cm en was vaak meer dan een meter lang. De uitvinding van het draaiorgel met het boeksysteem, waarbij de muziek in de vorm van langere en kortere gaten was uitgekapt in zig-zag opgevouwen orgelboeken zou ook hier een ware revolutie betekenen. In het hoofdstuk over de kermis- en dansorgels is de aard en draagwijdte van deze vinding reeds nader aan de orde gesteld. Laten we evenwel eerst terugkeren naar het organo portatile uit de 18de eeuw.

Een kanarieorgeltje of serinette. Een van de 'airs d'oiseau' is het motiefje uit Mozart's Zauberflöte: 'ein Mädchen oder Weibchen'.

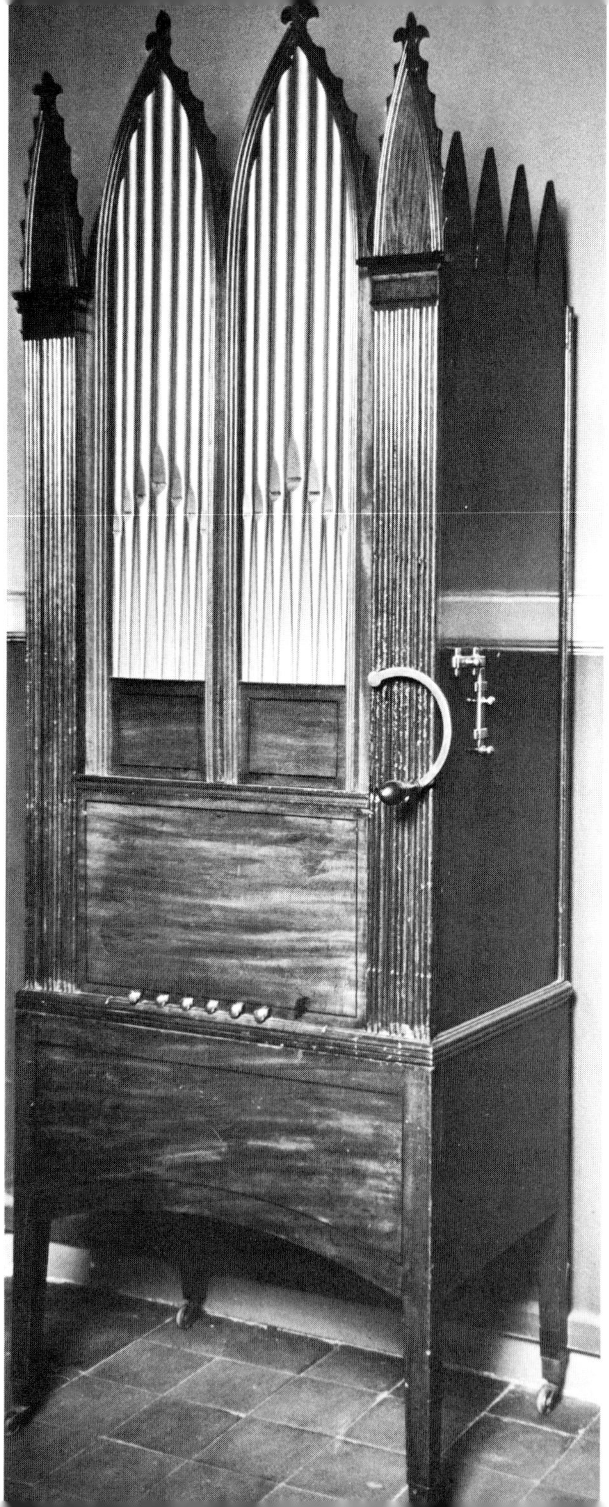

Engels kerk-draaiorgel, gebouwd door Bryceson te Londen in de eerste helft van de 19de eeuw. Simpele neo-gotische vormgeving.

Het interieur van het Bryceson kerkorgeltje. Per rol tien psalmen – met 15 rollen was men dus klaar – plus een aantal rollen met gezangen. Voor de vrolijke liederen en additionele triangel en (rechthoekige) trommel.

Dit kleine cilinderorgeltje was nauw verwant aan het kanarieorgel of serinette dat in menige salon en huiskamer zijn hoge, iele geluid liet horen. Het serinette, een houten kistje dat ongeveer het formaat heeft van een flinke sigarendoos, diende ervoor om kooivogels op zang te krijgen en speciale liedjes aan te leren. In de 19de eeuw dichtte Bilderdijk de volgende regels:

'Het leerzaam vinkjen stemm',
met buigzaamheid van gorgel,
den vrijen wildzang om
naar 't draaien aan het orgel.'

Dat orgel van Bilderdijk was zo'n serinette en de Nederlandse vinkjes luisterden er klaarblijkelijk niet alleen graag naar, maar konden tevens hun 'vrijen zang' wat aanpassen zodat er tenslotte een herkenbaar melodietje uit kwam. Vele titels die op het binnendeksel van zo'n kanarie-orgel vermeld staan luiden dan ook 'air d'oiseau', letterlijk dus een vogelliedje.

In historisch perspectief zou men het buikorgel kunnen zien als een wat opgevoerd serinette. De pijpen zijn groter, de winddruk is hoger, de muzikale omvang biedt aanmerkelijk meer mogelijkheden en de uitvoering is vele malen robuuster geworden, maar de ingrediënten zijn precies dezelfde gebleven: de slinger met de krukas, de pompstokken, de schepbalgen en de magazijnbalg, de muziekcilinder en de toetsen, het pijpwerk en de rechthoekige houten kast verschillen slechts in aantal en omvang, niet in principe.
Het was met dit soort cilinderorgeltjes dat Léon Warnies in 1875 in Amsterdam een draaiorgelverhuurbedrijf begon. Niet langer waren het hier de van de ene naar de andere plaats reizende straatmuzikanten, die met hun buikorgeltjes of rijdende cilinderorgels door de straten trokken, maar de beroepsorgelexploitanten die in de stad hun vaste woonplaats hadden. Warnies zorgde als verhuurder voor goede en goed spelende instrumenten, en als het orgel door de exploitant met zorg en liefde werd behandeld, kon hij na enige tijd in aanmerking komen voor een nog mooier orgel.
Warnies was zijn draaiorgelverhuurbedrijf uiteraard begonnen met cilinderorgels. De uitvinding van het draaiorgel met boeksysteem en de ontwikkeling hiervan in de jaren rond 1900 deden hem besluiten het boekorgel in Amsterdam te introduceren. In 1903 kwamen de eerste boek-draaiorgels op de Amsterdamse straten en spoedig verdrong het nieuwe systeem de oude cilinderorgels.
Toen in 1920 de uit Duitsland afkomstige draaiorgelbouwer Carl Frei zijn bedrijf in Breda vestigde, was de leidende positie van Nederland als draaiorgelland verzekerd: tegen het decor van de Hollandse gevels en grachten klonk de muziek

Een salon-draaiorgeltje van de bekende piano-componist (en muziekinstrumentenbouwer!) Clementi. Londen, ± 1810.

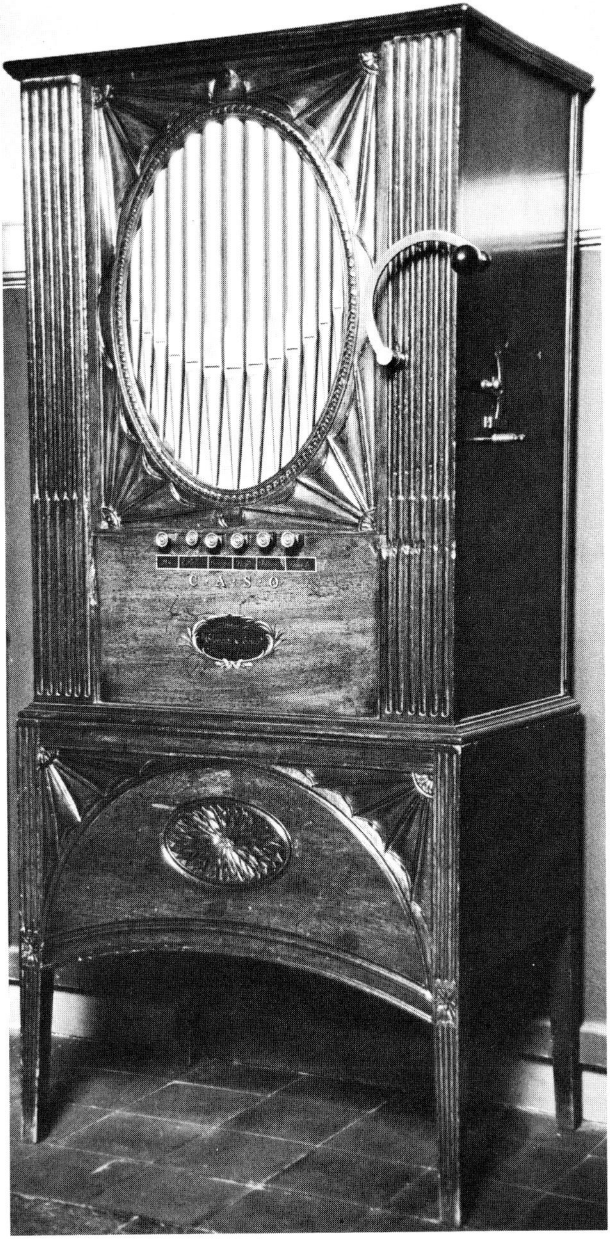

Het Ignaz Bruder draaiorgeltje met aan de linker zijkant de verschillende bedieningshendels voor het verschuiven van de muziekrol en het inschakelen van de automaten.

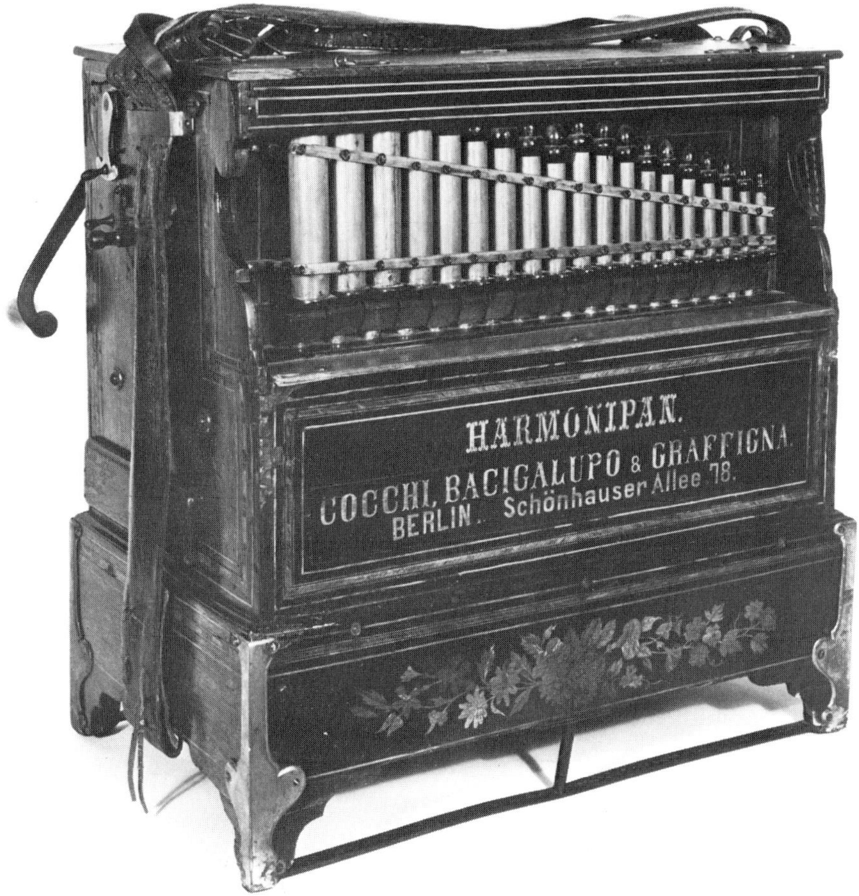

In het laatste kwart van de 19de eeuw maakte het draaiorgelverhuurbedrijf Warnies veelvuldig gebruik van dit soort buikorgeltjes. Duidelijk zichtbaar is de leren draagriem.

CARL
FREI
DUBBELE

Het straat-draaiorgel 'De Dubbele Biphone', een schepping van Carl Frei te Breda voor de Amsterdamse draaiorgelverhuurder Henk Möhlmann, 1934. In het snijwerk in de nissen zijn de initialen HM duidelijk te herkennen.

Het bekende draaiorgel 'De Arabier' van de nestor van de Nederlandse Draaiorgelverhuurders, Gijs Perlee te Amsterdam.

G.PERLEE
HOLLAND
DE ARABIËR
THE ARAB

van de Bredase draaiorgelbouwer, componist en arrangeur, en zijn pittige marsen, maar vooral ook zijn lyrische serenades hebben Nederland terecht deze wereldnaam bezorgd.
Minder dan bij de kermis- en dansorgels het geval was heeft het pierement te lijden gehad van de opkomst van radio, grammofoon en muziekband.
Het fameuze Amsterdamse draaiorgelbedrijf van Perlee wist dapper stand te houden, ondanks de relatief geringe belangstelling voor draaiorgels – en trouwens voor mechanische muziekinstrumenten in het algemeen – in de periode 1945-1960. In de jaren zestig komt de aanvankelijk nog wat aarzelende herwaardering van het draaiorgel wat meer op gang.
In Nederland hadden de oprichting van de Kring van Draaiorgel Vrienden in 1954 en het Nationaal Museum van Speeldoos tot Pierement in 1956 duidelijk bijgedragen tot deze herwaardering. Maar ook het buitenland begon interesse te krijgen. In zeker opzicht begon het draaiorgel gevaarlijke overeenkomsten te vertonen met de tulpen, de windmolens, de kazen en de klompen. Export van zo'n onvervalst stukje Holland lokte menige buitenlander – of Nederlandse kolonie in het buitenland – bijzonder aan. Zo zijn vele onvervangbare pronkstukken van de Nederlandse draaiorgelfolklore naar het buitenland verdwenen om daar niet zelden een roemloos einde te vinden. Andere klimatologische omstandigheden, gebrek aan kennis op het gebied van onderhoud, stemmen, arrangeren en noteren van orgelboeken, reparatietechnieken, etc. zijn hier debet aan.
Het is één van de belangrijkste doelstellingen van zowel de Nederlandse Kring van Draaiorgelvrienden alsook van het Nationaal Museum van Speelklok tot Pierement om deze onvervangbare Nederlandse cultuurgoederen in eigen land te houden en ook de overheid heeft hier een belangrijke taak.

Het is relevant om aan het einde van dit verhaal te constateren dat, naar de mening van de schrijver, in de jaren zeventig ook bij de overheden dit besef langzamerhand is toegenomen en thans zijn er maatregelen in voorbereiding om de uitvoermogelijkheden van historische draaiorgels aan strakkere banden te leggen. Hopelijk zal dit lek in onze wetgeving spoedig geheel gedicht zijn.

Besluit

Als wij thans aan het einde van deze hoofdstukken nog eens terugbladeren, zien wij hoe in de wereld van de automatisch spelende muziekinstrumenten vele landen een belangrijke bijdrage hebben geleverd aan de ontwikkeling en de vormgeving ervan. Het draaiorgel, dat thans vooral ook door buitenlanders zozeer als een specifiek Nederlands instrument wordt beschouwd, is, historisch gezien, van een zeer gemengde internationale afkomst. België was het land van de dansorgels (Mortier, Decap), Duitsland produceerde zijn imposante kermisorgels (Bruder, Ruth, Wellershaus), Italië leverde de orgelbouwers, die speciaal op dit terrein uitblonken (Gavioli Gasparini, Marenghi, Bacigalupo) en Frankrijk leverde als zeer belangrijke bijdrage het orgelboek.
Maar het zijn de Lage Landen waar al deze elementen tezamen tot een machtig stuk folklore zijn uitgegroeid en zo is de bakermat van de eerste torencarillons tevens de voedingsbodem en het decor geworden voor het andere Nederlandse mechanische muziekinstrument bij uitstek: Het pierement.

Bibliografie

Niet alle genoemde titels zijn in de boekhandel verkrijgbaar. Het is mogelijk deze in de bibliotheek van het Nationaal Museum van Speelklok tot Pierement te Utrecht in te zien. Voor nadere en meer uitgebreide informatie kan men zich wenden tot het Nationaal Museum van Speelklok tot Pierement.

C. A. Baart de la Faille, T. Chr. Bos, J. v.d. Ende, Th. Haakma Wagenaar, J. J. L. Haspels, A. Lehr, *Ergens beginnen de klokken hun lied.*
A. W. Bruna & Zoon, Utrecht/Aartselaar, 1981.

Gerd Bender, *Die Uhrenmacher des hohen Schwarzwaldes und ihre Werke.*
Verlag Müller, Villingen/Schwarzwald, 1975.

Karl Bormann, *Orgel- und Spieluhrenbau, kommentierte Aufzeichnungen des Orgel- und Musikwerkmachers Ignaz Bruder (1829) und die Entwicklung der Walzenorgeln.*
Im Sanssouci Verlag, Zürich, 1968.

Q. David Bowers, *Encyclopedia of Automatical Musical Instruments.*
The Vestal Press/Vestal, New York, 1972.

Alfred Chapuis, *Histoire de la Boîte à Musique mécanique.*
Scriptar S.A., Lausanne, 1955.

Alfred Chapuis, *History of the Musical Box and of mechanical Music.*
The Musical Box Society International, Summit N.J., 1980.

Eric V. Cockayne, *The Fairground Organ, Its Music, Mechanism and History.*
David & Charles Ltd., Newton Abbot Devon, z.j.

Dom Bedos de Celles, *l'Art du Facteur d'Orgues.*
Facsimilé-herdruk door Christhard Mahrenholz, 3 delen, Bärenreiter Kassel, Basel, Paris, London, New York, 1963.

Jan Jaap Haspels, *Muziek op rolletjes.*
Vereniging BUMA, Amsterdam, 1975.

André Lehr, *Leerboek der Campanologie, een muzikaal-technische verhandeling over luidklokken en beiaarden.*
Nationaal Beiaardmuseum Asten, 1976.

André Lehr, *Van Paardebel tot Speelklok, de geschiedenis van de klokgietkunst in de Lage Landen.*
Europese Bibliotheek, Zaltbommel, 1971.

Arthur W. J. G. Ord-Hume, *Barrel Organ, The story of the mechanical organ and its repair.*
A. S. Barnes and Co., South Brunswick and New York, 1978.

Arthur W. J. G. Ord-Hume, *Clockwork Music, An illustrated History of mechanical musical Instruments from the musical box to the pianola, from automaton lady virginal players to the orchestrion.*
Allen & Unwin, London, 1973.

Arthur W. J. G. Ord-Hume, *Musical Box, a history and collectors' guide.*

Allen & Unwin, London, Boston, Sydney, 1980.

Arthur W. J. G. Ord-Hume, *Player-Piano, The history of the Mechanical Piano and How to Repair it.*
Allen & Unwin, London, 1970.

Arthur W. J. G. Ord-Hume, *Restoring Musical Boxes.*
Allen & Unwin, London, Boston, Sydney, 1980.

Peter Suidman (red.), *Pianola's.*
Uitgegeven onder auspiciën van de Nederlandse Pianola Vereniging, Combo, Baarn, 1981.

Mr. R. de Waard, *Het draaiorgel.*
Uitgeverij De Alk, Alkmaar.

Mr. R. de Waard, *Van speeldoos tot pierement.*
Uitgeverij De Toorts, Haarlem.

Enige tijdschriften:

The Key Frame, Journal of ''The Fair Organ Preservation Society''.
8 Ewald Road, Fulham, London S.W. 6.

Das mechanische Musikinstrument, Journal der ''Gesellschaft der Freunde mechanischer Musikinstrumente e.v.'', ed. Jan Brauers, Baden-Baden.

The Musical Box Society International, Tweemaandelijks bulletin, uitgegeven door ''The Musical Box Society International'', 19 Colony Drive, Summit, New Jersey, U.S.A.

The Music Box, an international magazine of mechanical music, Journal of ''The Musical Box Society of Great Britain''. Verschijnt 4 maal per jaar. 14 Elmwood Road, London, W4 3DY.

Pianola Bulletin, uitgegeven door de Nederlandse Pianola Vereniging, van Tuyl van Serooskerkeweg 85, Amsterdam.

Het Pierement, Periodiek uitgegeven door de ''Kring van Draaiorgelvrienden'', verschijnt 4 maal per jaar. Beemd 20, Bavel.